Couvertures supérieure et inférieure
en couleur

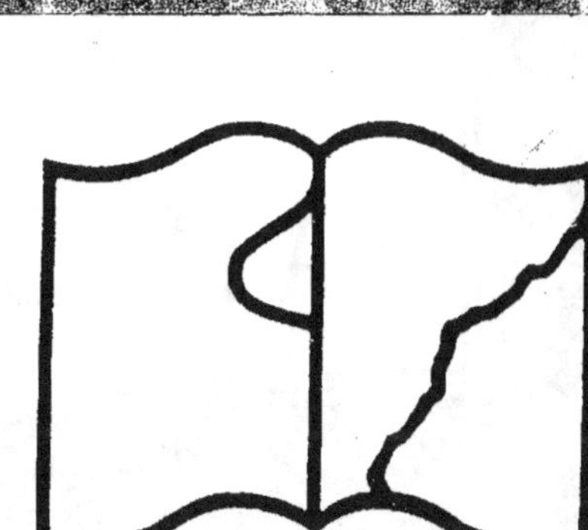

Texte détérioré
Marge(s) coupée(s)

CHEFS D'ŒUVRE
DU
SIÈCLE
ILLUSTRÉS
LEVAILLANT
AU
PAYS DE L'IVOIRE
LE VOLUME
50
CENT.

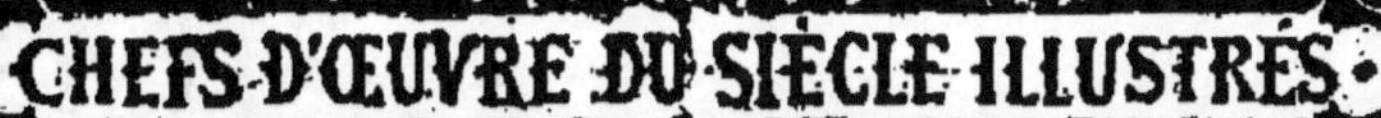

CHEFS-D'ŒUVRE DU SIÈCLE ILLUSTRÉS

50 Centimes le Volume

POUR PARAITRE SUCCESSIVEMENT

1. Frédéric Soulié. **Le Lion amoureux**. — 2. Charles Dickens. **Le Magasin d'Antiquités**. — 3. Gérard de Nerval. **Sylvie**. — 4. Edgard Poe. **L'Assassinat de la rue Morgue**. — 5. Jacques Arago. **Promenade autour du Monde**. — 6. Nicolaï Gogol. **Taras Bulba**. — 7. Benjamin Constant. **Adolphe**. — 8. George Eliot. **La Conversion de Jeanne**. — 9. Augustin Thierry. **Les Fils de Chloter**. — 10. George Borrow. **Bohémes et Gypsies**. — 11. J. Fiévée. **La Dot de Suzette**. — 12. Bret-Harte. **Au Pays des Placers**. — 13. Hégésippe Moreau. **La Souris blanche**. — 14. Dostoiewsky. **L'Honnéte Voleur**. — 15. Stendhal. **L'Abbesse de Castro**. — 16. Douglas Jerrold. **Dans l'Alcôve**. — 17. Chateaubriand. **Rene**. — 18. Hoffmann. **La Fiancée en Loterie**. — 19. Xavier de Maistre. **Expédition nocturne autour de ma chambre**. — 20. Thackeray. **Les Traquenards parisiens**. — 21. Levaillant. **Au Pays de l'Ivoire**. — 22. Washington Irving. **Les Chercheurs de Trésors**. — 23. Mme Figuier. **Le Savant des Pyrénées**. — 24. Vacano. **Les Disciples de Barnum** — 25. Arnault. **Un Exilé sous la Terreur**. — 26. Longfellow. **La Fiancée du Missionnaire**. — 27. Picard. **Les sept Mariages d'Eloi**. — 28. W. Meinhold. **La Sorcière de quinze ans**. — 29. Casanova. **Mon Évasion**. — 30. Tourguéneff. **Récits d'un Chasseur**. — 31. Mme de Genlis. **Mademoiselle de Clermont**. — 32. Capitaine Marryat. **Le Vaisseau fantôme**. — 33. Rangabé. **Leïla**. — 34. Habberton. **Les Bébés d'Hélène**. — 35. Touchard Lafosse. **Chroniques de l'Opéra**. — 36. Capitaine Mayne-Reid. **Le Doigt du Destin**. — 37. Mme Cottin. **Elisabeth**. — 38. Grant. **La Dépêche secrète**. — 39. Pouqueville. **Prisonnier chez les Turcs**. — 40. Alfieri. **Mémoires d'un Italien**.

PARIS
A LA LIBRAIRIE ILLUSTRÉE
8, Rue St Joseph

LE PAYS DE L'IVOIRE

I

Le 18 décembre 1781, à neuf heures du matin, je partis, escortant moi-même à cheval mon convoi. Je n'avais pas compté moi-même faire une longue marche. Suivant le plan que je m'étais dressé, je dirigeai mes pas vers la Hollande hottentote, et, après avoir traversé la petite rivière *Eerste* (ou Première), ainsi nommée parce qu'en effet elle est la première rivière qu'on rencontre de ce côté-là, en sortant de la ville, je m'arrêtai, vers le déclin du jour, au pied des hautes montagnes qui bornent cette région à l'est du Cap.

Ce fut alors qu'entièrement livré à moi-même, et n'attendant de secours et d'appui que de mon bras, je rentrai pour ainsi dire dans l'état primitif de l'homme, et respirai, pour la première fois de ma vie, l'air délicieux et pur de la liberté.

Il fallait mettre quelque ordre dans mes opérations et parmi mon monde ; tout dépendait des commencements. Sans être un grand philosophe, je connaissais assez les hommes pour savoir que qui veut être obéi doit leur en imposer, et qu'à moins d'être ferme et vigilant sur leurs actions, on ne peut se flatter de les conduire. Je devais craindre à tous moments de me voir abandonné des miens, ou que ma faiblesse ne les engageât au désordre. Je pris donc avec eux, sans affectation, un parti prudent, auquel j'ai toujours tenu dans la suite, sans qu'aucune circonstance m'ait fait relâcher, un seul jour, de mon utile sévérité.

Nous étions à peine arrêtés, que je donnai l'ordre de dételer en ma présence. Sous la conduite de deux de mes gens en qui j'avais reconnu plus d'exactitude et d'intelligence, j'envoyai pâturer mes bœufs. Je fis avec les autres la revue de mes voitures, de mes effets, afin de m'assurer s'il n'y avait rien de dérangé ; j'examinai même jusqu'aux trains et harnais ; je distribuai à chacun son emploi, et leur fis à tous un petit discours relatif aux différentes occupations qu'ils auraient dans la suite. C'est ainsi qu'ils prirent de moi sur-le-champ l'idée d'un homme soigneux et clairvoyant, et qu'ils sentirent que le moindre relâchement dans leur service ne pourrait m'échapper. Après cette cérémonie, je montai à cheval, et j'allai reconnaître le chemin sur la montagne que nous devions traverser le lendemain. A mon retour, je trouvai mes bœufs en état, et un grand feu que j'avais donné ordre d'allumer. Nous soupâmes légèrement des provisions que nous avions apportées de la ville. Enfin nous nous couchâmes, moi sur mon chariot, mes Hottentots à la belle étoile.

Et ainsi se trouva fixé l'ordre que je tenais à voir observer pour la suite du voyage.

Le lendemain, nous attelâmes avant le jour, et nous nous mîmes en devoir d'entreprendre la montagne, par le défilé que les colons nomment *Hottentot Hollands Kloof* (Gorge de la Hollande hottentote). Ce ne fut pas sans risque de briser nos voitures et d'estropier nos bœufs que nous gagnâmes le sommet. Le chemin en est taillé dans le revers même. Il est si escarpé, si hérissé des éclats du rocher, que je m'étonne comment on néglige aussi absolument la seule route par laquelle les habitants de ces cantons puissent se rendre au Cap. Le haut de cette montagne offre un point de vue merveilleux. Le même coup d'œil embrasse toutes les habitations éparses dans un vaste bassin circonscrit par la chaîne des autres monts, et par la baie False d'un côté, et celle de la Table de l'autre.

Une pente insensible et douce nous conduisit sans danger dans un pays charmant.

A partir de ce moment jusqu'au jour où nous nous trouvâmes en dehors du cercle habité ou fréquenté par les colons, je considère notre marche comme une sorte de préliminaire au voyage véritable ; et je veux me borner à en indiquer quelques incidents particuliers.

Passage des rivières, chasse à quelques animaux plus ou moins nouveaux pour moi, dont les dépouilles commencent mes collections, de temps à autre rencontre de colons ou passage près d'habitations. L'hospitalité m'y est très cordialement offerte, mais l'impatience où je suis d'arriver dans les régions inexplorées fait que je refuse obstinément de m'arrêter.

Ce fut près d'une de ces habitations que je rencontrai pour la première fois une petite horde de Hottentots nomades.

Ces êtres me parurent si misérables, que je leur fis quelques présents. Ils n'avaient pas une seule pièce de bétail, et vivaient des travaux de leurs bras sur les habitations du voisinage ; j'invitai plusieurs d'entre eux à me suivre, et leur promis de les bien payer au retour ; ils ne se laissèrent entraîner que lorsque je les eus assurés que je leur donnerais une ration suffisante de tabac pour la route. Alors ils me donnèrent parole pour le lendemain, et vinrent au nombre de trois, avec armes et bagages. Ce petit renfort me fit plaisir. Ils se mêlèrent avec les autres, et furent bientôt accoutumés. Un des nouveaux arrivés me demanda la permission de me suivre, en m'assurant qu'il était un excellent chasseur : j'avais apporté de l'Europe cette prévention qu'on a toujours contre les gens qui prennent soin de se préconiser eux-mêmes, et je n'avais pas du talent de mon Hottentot une haute opinion ; je lui fis donner un fusil, et nous partîmes ensemble.

Nous eûmes bientôt joint quelques troupes de gazelles ; le pays en était couvert, mais elles se tenaient toujours hors de portée. Enfin, après avoir bien couru, mon chasseur, m'arrêtant tout d'un coup, me dit qu'il aperçoit un *blawe-bock* (un bouc bleu) couché. Je porte les yeux vers l'endroit qu'il m'indique, et ne le vois pas. Il me prie alors de rester tranquille et de ne faire aucun mouvement, m'assurant de me rendre maître de l'animal. Aussitôt il prend un détour, se traînant sur ses genoux ; je ne le perdais pas de vue, mais je ne comprenais rien à ce manège nouveau pour moi. L'animal se lève, et broute tranquillement sans s'éloigner de la place. Je le pris d'abord pour un cheval blanc ; car de l'endroit où j'étais resté, il me paraissait entièrement de cette couleur (jusque-là je n'avais point encore vu cette espèce de gazelle) : je fus détrompé lorsque je vis ses cornes. Mon Hottentot se traînait toujours sur le ventre ; il s'approcha de si près et si promptement, que mettre l'animal en joue et le tirer fut l'affaire d'un instant : la gazelle tomba du coup. Je ne fis qu'un saut jusque-là, et j'eus le plaisir de contempler à mon aise la plus rare et la plus belle des gazelles d'Afrique. J'assurai mon Hottentot que, de retour au camp, je le récompenserais généreusement. Je l'envoyai aussitôt chercher un cheval pour transporter la chasse. L'intelligence de cet homme, et les divers moyens qu'il avait employés pour surprendre l'animal, me rendaient son service important et précieux ; je me proposais bien de me l'attacher par tous les appâts qui séduisent les Hottentots. Je commençai par lui donner une forte provision de tabac, et je joignis à ce présent de l'amadou, un briquet et l'un de mes meilleurs couteaux. Il se servit de ce dernier meuble, et se mit à dépecer l'animal avec la même adresse qu'il l'avait tiré.

Malgré mon vif désir d'aller vite, je dus m'arrêter pendant quelques jours dans une sorte de village nommé Swellendam, dont le bailli M. Reynveld me combla d'amitiés.

Je trouvais mes deux voitures bien pesantes et trop chargées. Je sentais le besoin de m'en procurer une troisième. Mon hôte eut la complaisance de me faire construire une charrette à deux roues, et, à mon départ, il me donna avec profusion des vivres frais pour ma route.

Je recrutai quelques Hottentots de plus ; j'achetai plusieurs bœufs, des chèvres, une vache pour me procurer du lait, et un coq dont je comptais me faire un réveille-matin naturel.

Il n'existe pas un seul naturaliste, pas même un lourd habitant des campagnes, qui ne sache que le coq est un oiseau qui chante régulièrement pendant la nuit à la même heure, et qu'il prend soin de rappeler le jour.

On a fait, je le sais, beaucoup de contes ridicules sur cet animal, comme par exemple de dire que le lion en a une peur terrible.

Quoi qu'il en soit de ces poétiques romans, mes espérances sur mon coq ne m'ont point trompé. Cet animal, qui couchait sans cesse ou sur ma tente ou sur mon chariot, m'annonçait régulièrement le lever de l'aurore ; il s'apprivoisa bientôt ; il ne quittait jamais les environs de mon camp ; si le besoin de nourriture le faisait s'écarter un peu, l'approche de la nuit le ramenait toujours ; quelquefois il était poursuivi par de petits quadrupèdes du genre des fouines ou des belettes ; je le voyais moitié courant, moitié volant, battre en retraite de notre côté, et crier de toute sa force ; alors, l'un de mes gens ou mes chiens même ne manquaient pas d'aller bien vite à son secours.

Un animal qui m'a rendu des services plus essentiels, dont la présence utile a suspendu, dissipé même dans mon cœur des souvenirs amers et cruels, dont l'instinct touchant et simple semblait prévenir mes efforts, et vraiment consolait mes ennuis, c'est un singe de l'espèce si commune au Cap sous le nom de *baiwan ;* il était très familier, et s'attacha particulièrement à moi : j'en fis mon dégustateur. Lorsque nous trouvions quelques racines ou fruits inconnus à mes Hottentots, nous n'y touchions jamais que mon cher Keès n'en eût goûté ; s'il les rejetait, nous les jugions ou désagréables ou dangereux, et les abandonnions.

Le singe a cela de particulier, qui le distingue des autres animaux et le rapproche de l'homme : il reçut de la nature, en égale portion, la gourmandise et la curiosité ; sans appétit, il goûte tout ce qu'on lui présente ; sans nécessité, il touche tout ce qu'il trouve à sa portée.

Je chérissais dans Keès une qualité plus précieuse encore. Il était mon meilleur surveillant ; soit de jour, soit de nuit, le moindre signe de danger le réveillait à l'instant. Par ses cris et les gestes de sa frayeur, nous étions toujours avertis de l'approche de l'ennemi avant que mes chiens s'en doutassent ; ils s'étaient tellement habitués à sa voix, qu'ils dormaient pleins de confiance, et ne faisaient plus la ronde ; j'en étais outré de colère, dans la crainte de ne plus retrouver en eux les secours indispensables sur lesquels j'avais droit de compter, si quelque événement funeste ou la maladie venait à m'enlever mon trop fidèle gardien. Mais, lorsqu'il leur avait donné l'alerte, ils s'arrêtaient pour épier le signal. Au mouvement de ses yeux, au moindre branlement de sa tête, je les voyais s'élancer tous ensemble, et détaler toujours du côté vers lequel il portait la vue.

Souvent je le menais à la chasse avec moi. Que de folies et que de joie au signal du départ ! comme il venait baiser tendrement son ami ! comme le plaisir brillait dans sa prunelle ardente et mobile ! comme il devançait mes pas, plein d'aise et d'impatience, et revenait encore par ses caresses me prouver sa reconnaissance, et m'inviter à ne pas différer plus longtemps ! Nous partions ; chemin faisant, il s'amusait à grimper sur les arbres, pour chercher de la gomme, qu'il aimait beaucoup ; quelquefois il me découvrait du miel dans des enfoncements de rocher ou dans des arbres creux ; mais, lorsqu'il ne trouvait rien, que la fatigue et l'exercice avaient aiguisé ses dents, et que l'appétit commençait à le presser sérieusement, alors pour moi commençait une scène extrêmement comique. Au défaut de gomme et de miel, il cherchait des racines, et les mangeait avec délices, surtout une espèce particulière, que les Hottentots nomment *kameroo*, et que malheureusement pour lui j'avais trouvée exquise et très rafraîchissante, et que je voulais obstinément partager. Keès était rusé. Lorsqu'il avait trouvé de cette racine, si je n'étais à portée d'en prendre ma part, il se hâtait de la gruger, les yeux impitoyablement fixés vers moi. Il mesurait le temps qu'il avait de la manger à lui seul, sur la distance que j'avais à franchir pour le rejoindre, et j'arrivais en effet trop tard. Quelquefois cependant, lorsque trompé dans son calcul je l'avais atteint plus tôt qu'il ne s'y était attendu, il cherchait vite à me cacher les morceaux ; mais, au moyen d'un soufflet bien appliqué, je l'obligeais à restituer le vol ; et, maître à mon tour de la proie enviée, il fallait bien qu'il reçût la loi du plus fort ; Keès n'avait ni fiel ni rancune, et je lui faisais aisément comprendre tout ce qu'a d'insensible et dur ce lâche égoïsme, dont il me donnait l'exemple.

Pour arracher ces racines, il s'y prenait d'une façon fort ingénieuse, et qui m'amusait beaucoup. Il saisissait la touffe des feuilles entre ses dents ; puis, se raidissant sur les mains, et portant la tête en arrière, la racine suivait assez ordinairement. Quand ce moyen, où il employait une grande force, ne pouvait réussir, il reprenait la touffe comme auparavant, et le plus près de terre qu'il le pouvait ; alors, faisant une brusque cabriole, la racine cédait toujours à la secousse qu'il lui avait donnée. Dans nos marches, lorsqu'il se trouvait fatigué, il montait sur un de mes chiens, qui avait la complaisance de le porter des heures entières ; un seul, plus gros et plus fort que les autres, aurait dû se prêter à son petit manège, mais le drôle savait à merveille esquiver la corvée. Du moment qu'il sentait Keès sur ses épaules, il restait immobile, laissait défiler la caravane sans bouger de la place : le craintif Keès s'obstinait de son côté ; mais sitôt qu'il commençait à nous perdre de vue, il fallait bien se résoudre à mettre pied à terre ; alors le singe et le chien couraient à toutes jambes pour nous rattraper. Le chien le laissait adroitement passer devant lui, et l'observait attentivement, de peur qu'il ne le surprît. Au reste, il avait pris sur toute ma meute un ascendant qu'il devait peut-être à la supériorité de son instinct ; car, parmi les animaux comme parmi les hommes, l'adresse en impose trop souvent à la force. Mon Keès ne pouvait souffrir les convives ; lorsqu'il mangeait, si l'un de mes chiens l'approchait de trop près, il le régalait d'un soufflet, auquel le poltron ne répondait qu'en s'éloignant au plus vite.

Une singularité que je n'ai pu jamais concevoir, c'est qu'après le serpent, l'animal qu'il craignait le plus était son semblable, soit qu'il sentît que son état privé l'eût dépouillé d'une grande partie de ses facultés, et que la peur s'emparât de ses sens, soit qu'il fût jaloux et qu'il redoutât toute concurrence à son amitié. Il m'eût été très facile d'en prendre de sauvages et de les apprivoiser, mais je n'y songeais pas. J'avais donné à Keès une place dans mon cœur, que nul autre ne devait occuper après lui, et je lui témoignais assez jusqu'à quel point il devait compter sur ma constance. Il entendait quelquefois ses pareils crier dans les montagnes. Je ne sais pourquoi, avec toutes ses terreurs, il s'avisait de leur répondre ; ils approchaient à sa voix, et sitôt qu'il en apercevait un, fuyant alors avec des cris horribles, il venait se fourrer entre nos jambes, implorait la protection de tout le monde, et tremblait de tous ses membres. On avait beaucoup de peine à le calmer ; il reprenait peu à peu sa tranquillité naturelle. Il était sujet au larcin. C'est un défaut commun à presque tous les animaux domestiques, mais qui se déguisait chez Keès en un talent dont j'admirais moi-même tous les ressorts ingénieux. Quoi qu'il en soit, les corrections que lui administraient mes gens, qui prenaient avec lui la chose au sérieux, ne le changèrent jamais. Il savait parfaitement dénouer les cordons d'un panier pour y prendre les provisions, et surtout le lait, qu'il aimait beaucoup. Il m'a forcé plus d'une fois de m'en passer. Je l'étrillais aussi moi-même. Il se sauvait, et ne reparaissait à la tente qu'à l'entrée de la nuit.

J'ai reposé sur ces détails avec plaisir. S'ils ne sont rien pour le progrès des connaissances humaines, ils sont beaucoup pour mon âme ingénue et simple. Ils me rappellent des passe-temps bien doux, des jours bien sereins et paisibles, et les seuls moments de ma vie où j'ai connu tout le prix de l'existence.

Tant que dura mon séjour à Swellendam, je répondis aux tendres soins de mon hôte par les témoignages de la plus vive reconnaissance ; mais ce n'était point là le train de vie qui convenait à mon humeur ; et, dès que ma charrette à deux roues fut achevée, j'y plaçai ma cuisine et mon office, et délogeai sans délai. Ce fut le 12 janvier 1782, d'après les informations que j'avais prises. Je longeai toujours la côte de l'est et à une certaine distance de la mer (1).

(1) Il nous informe ailleurs qu'il était dépourvu de calendrier.

II

A mesure que je m'éloignais des colonies et m'avançais dans les terres, tout prenait, à mes regards, une teinte nouvelle. Les campagnes étaient plus magnifiques; le sol me semblait plus fécond et plus riche; la nature, plus majestueuse et plus fière; la hauteur des monts offrait, de toutes parts, des sites et des points de vue charmants que je n'avais jamais rencontrés. Ce contraste avec les terres arides et brûlées du Cap me faisait croire que j'en étais à plus de mille lieues. « Quoi! me disais-je dans mon extase, ces superbes contrées seront donc éternellement habitées par les tigres et par les lions! quel est le spéculateur insensé qui, dans la vue uniquement sordide d'un commerce d'entrepôt et de colportage, a pu donner la préférence à la baie orageuse de la Table sur les rades multipliées et les ports naturels et si riants qui bordent les côtes orientales de l'Afrique? »

Dans le nombre de mes Hottentots, j'en avais un qui, dans sa jeunesse, avait voyagé jusque-là, avec sa horde et sa famille, qui n'en était pas éloignée jadis.

Il en avait encore une connaissance superficielle; je le choisis avec quatre autres bons tireurs, et, après avoir mis ordre à mon camp, nous partîmes tous six munis de quelques provisions, et suivîmes des traces d'éléphants que nous ne perdîmes pas de vue. Elles nous conduisirent à la nuit, sans que jusque-là nous eussions rien vu autre chose. Nous soupâmes gaîment, nous invitant les uns les autres à ne pas trop regretter les douceurs du camp; et, après avoir fait un grand feu, nous nous couchâmes autour, sur la terre refroidie et dure.

Quoique chacun de nous eût affecté d'inspirer à ses compagnons des sentiments de patience et de courage, un mouvement d'inquiétude et de crainte nous tourmentait également, et personne ne jouit d'un sommeil paisible. Au moindre souffle, au plus léger bruissement d'une feuille, nous étions aux écoutes, et bientôt sur nos gardes. La nuit s'écoula dans ces petites agitations; dès la pointe du jour, j'excitai les dormeurs avec mes cris: leur toilette ne fut pas longue; un verre d'eau-de-vie leur rendit cette première épreuve plus douce, et leur fit oublier mon brusque réveille-matin. Nous reprîmes bientôt la trace. Cette seconde journée s'écoula tristement, et ne fut pas plus heureuse que la première. Le soir, nous répétâmes les cérémonies de la veille, avec cette différence que, plus enhardis peut-être, ou même plus confiants, nous espérions qu'un sommeil non interrompu nous reposerait un peu de nos fatigues, et servirait du moins à nous rafraîchir. Mais nous fûmes troublés par une alerte un peu vive. Il y avait à peine une heure que mes Hottentots dormaient étendus auprès de notre feu, lorsqu'un buffle, attiré par la lueur, s'approcha tout près. Comme il craint l'homme, il ne nous eut pas plutôt aperçus que, saisi d'épouvante, il s'éloigne à l'instant. Le bruit qu'il fait en reculant précipitamment dans les broussailles, et les déchirant pour nous échapper, nous éveille. Je saute trop tard sur mes armes; il avait disparu. Nous fîmes la ronde pendant une heure, tirant des coups de fusil au hasard, et nous revînmes près du feu. Enfin le troisième jour se leva plus orageux. Je raconterai cette histoire en détail; car elle me revient souvent à l'esprit : et maintenant que le feu de la jeunesse a fait place à des projets moins téméraires, à des idées plus tranquilles, ce souvenir m'anime et me fait frémir encore.

Nous ne perdîmes pas un seul moment de vue la trace de nos animaux ; après quelques heures de fatigues et de marches pénibles au milieu des ronces, nous parvînmes à un endroit du bois fort découvert. Dans un espace assez étendu, il n'y avait que quelques arbrisseaux et du taillis. Nous arrêtons. Un de mes Hottentots, qui était monté sur un arbre pour observer, après avoir jeté les yeux de tous côtés, nous fait signe, en mettant un doigt sur la bouche, de rester tranquilles; il nous indique, avec la main qu'il ouvre et ferme plusieurs fois, le nombre d'éléphants qu'il aperçoit. Il descend, on tient conseil, et nous prenons le dessous du vent pour approcher sans être découverts. Il me conduit si près, à travers les broussailles, qu'il me met en présence d'un de ces énormes animaux. Nous nous touchions pour ainsi dire; je ne l'apercevais pas! non que la peur eût fasciné mes yeux; il fallait bien ici payer de sa personne et se préparer au danger: j'étais sur un petit tertre au-dessus de l'éléphant même. Mon brave Hottentot avait beau me le montrer du doigt, et me répéter vingt fois d'un ton impatient et pressé: LE VOILA!... MAIS LE VOILA!... je ne le voyais toujours point; je portais la vue beaucoup plus loin, ne pouvant imaginer que ce que j'avais à vingt pas au-dessous de moi pût être autre chose qu'une portion de rocher, puisque cette masse était entièrement immobile. A la fin, cependant, un léger mouvement frappa mes regards. La tête et les défenses de l'animal, qu'effaçait son énorme corps, se tournèrent avec inquiétude vers moi. Sans plus perdre de temps et mon avantage en belles contemplations, je pose vite mon gros fusil sur son pivot, et lui lâche mon coup au milieu du front. Il tombe mort. Le bruit en fit sur-le-champ détaler une trentaine qui s'enfuirent à toutes jambes. Rien n'était plus amusant que de voir le mouvement de leurs grandes oreilles qui battaient l'air en proportion de la vitesse qu'ils mettaient dans leur course : ce n'était là que le prélude d'une scène plus animée.

Je prenais plaisir à les examiner, lorsqu'il en passa un à côté de nous qui reçut un coup de fusil d'un de mes gens. Aux excréments teints de sang qu'il répandit, je jugeai qu'il était dangereusement blessé; nous commençâmes à le poursuivre. Il se couchait, se redressait, retombait; mais, toujours à ses trousses, nous le faisions relever à coups de fusil. L'animal nous avait conduits dans de hautes broussailles, parsemées çà et là de troncs d'arbres morts et renversés. Au quatorzième coup, il revint furieux contre le Hottentot qui l'avait tiré ; un autre l'ajusta d'un quinzième qui ne fit qu'augmenter la rage de l'éléphant; et, gagnant du pied sur les côtés, il nous cria de prendre garde à nous. Je n'étais qu'à vingt-cinq pas ; je portais mon fusil qui pesait trente livres, outre mes munitions. Je ne pouvais être aussi dispos que mes gens qui, ne s'étant pas laissé emporter aussi loin, avaient d'autant plus d'avance pour échapper à la trompe vengeresse, et se tirer d'affaire. Je fuyais ; mais l'éléphant gagnait à chaque instant sur moi. Plus mort que vif, abandonné de tous les miens (un seul accourait dans ce moment pour me défendre), il ne me reste que le parti de me coucher, et de me blottir contre un gros tronc d'arbre renversé ; j'y étais à peine que l'animal arrive, franchit l'obstacle ; et, tout effrayé lui-même du bruit de mes gens qu'il entendait devant lui, il s'arrête pour écouter. De la place où je m'étais caché, j'aurais bien pu le tirer ; mon fusil heureusement se trouvait chargé ; mais la bête avait reçu inutilement tant d'atteintes, elle se présentait à moi si défavorablement, que désespérant de l'abattre d'un seul coup, je restai immobile, en attendant mon sort. Je l'observais cependant, résolu de lui vendre chèrement ma vie, si je le voyais revenir à moi. Mes gens, inquiets de leur maître, m'appelaient de tous côtés. Je me gardais bien de répondre. Convaincus, par mon silence, qu'ils avaient perdu leur chef, ils redoublent leurs cris, et reviennent en désespérés. L'éléphant effrayé rebrousse aussitôt, et saute une seconde fois le tronc d'arbre, à six pas au-dessous de moi, sans m'avoir aperçu ; c'est alors que me remettant en pied, à mon tour échauffé d'impatience, et voulant donner à mes Hottentots quelque signe de vie, je lui envoie mon coup de fusil dans la cuisse. Il disparut entièrement à mes regards, laissant partout, sur son passage,

Je tirai à la tête de celui qui se trouvait le plus près de moi. (Page 22.)

des traces certaines du cruel état où nous l'avions mis.

Je n'achèverai point ce tableau sans rendre un témoignage de reconnaissance à l'un de ces humains dont les nations policées ne parlent qu'avec horreur ou mépris; que, sans les connaître, elles regardent comme des êtres atroces, le rebut de la nature; en un mot, un sauvage de l'Afrique, un Cafre, un Hottentot. Nous l'appelions Klaas.

En partant du Cap, je l'avais reçu de M. Boers comme un homme sur la bravoure et la fidélité duquel je devais compter. Il lui avait recommandé de ne me quitter ni à la mort, ni à la vie, en lui promettant des récompenses, si, de retour au Cap sain et sauf, je rendais un témoignage satisfaisant de sa conduite. C'est ce même homme qui ne m'avait pas un seul instant abandonné, mais qui, m'ayant vu tout à coup disparaître, accourait à mon secours, et me cherchait vainement. Je l'entendais à travers les broussailles m'appeler d'une voix étouffée; puis s'adressant à ses camarades, qui le suivaient d'un peu loin, humiliés, confondus, leur reprocher leur lâcheté au milieu du péril. « Que deviendrez-vous, leur disait-il en son langage expressif et touchant, que deviendrons-nous si nous avons le malheur de trouver notre infortuné maître écrasé sous le pied de l'éléphant? Oserez-vous jamais retourner au Cap sans lui? De quel œil soutiendrez-vous la présence du fiscal? Quelle que soit votre excuse, vous passerez pour de vils assassins; c'est vous en effet qui l'avez assassiné. Retournez au camp; pillez, dispersez ses effets; devenez tout ce que vous voudrez; pour moi je ne quitte point cette place ; vivant ou mort, il faut que je retrouve mon malheureux maître, et j'ai résolu de périr avec lui. » Il accompagnait ce discours de gémissements et de sanglots si touchants, que dans le moment le plus critique je sentis mes yeux se mouiller, et l'attendrissement succéder aux glaces de l'effroi. Mon coup de fusil fut un signal de joie ; je me vis à l'instant entouré des miens, et pressé dans les bras de mon cher Klaas avec des étreintes si vives, qu'il ne pouvait se détacher de mon corps. Ce fidèle garçon baisait tour à tour ma figure et mes vêtements; ses camarades eux-mêmes, pénétrés de regret et dans une attitude suppliante, tendaient les mains vers moi comme pour implorer leur pardon. Je pris soin de les consoler. Je jouissais trop pleinement pour oser troubler cette scène attendrissante par de belles paroles et des reproches inutiles! Depuis ce jour heureux de ma vie où j'ai connu la douceur d'être aimé purement et sans aucun mélange d'intérêt, le bon Klaas fut déclaré mon égal, mon frère, le confident de tous mes plaisirs, de mes disgrâces, de toutes mes pensées ; il a plus d'une fois calmé mes ennuis et ranimé mon courage abattu.

Cependant la nuit approchait ; nous nous hâtâmes de rejoindre l'éléphant que j'avais eu le bonheur de tuer d'un seul coup. Nous n'avions rien pu faire de plus à propos ; notre présence écarta quelques vautours et plusieurs petits animaux carnassiers, qui n'avaient point perdu le temps, et qui déjà commençaient à l'entamer. Nous fîmes plusieurs feux ; les provisions nous manquaient. Mes gens tirèrent pour eux plusieurs grillades de l'éléphant ; on apprêta pour moi quelques tronçons de la trompe. J'en mangeais pour la première fois, mais je me promis bien que ce ne serait pas la dernière, car je ne trouvai rien de plus exquis. Klaas m'assura que, lorsque j'aurais goûté des pieds, j'aurais bientôt oublié la trompe; pour m'en convaincre, il me promit pour le lendemain un déjeuner friand, qu'il fit préparer sur-le-champ. On coupa donc les quatre pieds de l'animal; on fit en terre un trou d'environ trois ou quatre pieds en carré. On le remplit de charbons ardents; et, recouvrant le tout avec du bois bien sec, on y entretînt un grand feu pendant une partie de la nuit; lorsqu'on jugea que ce trou était assez chaud, il fut vidé; Klaas y déposa les quatre pieds de l'animal, les fit recouvrir de cendres chaudes, ensuite de charbons, de quelque menu bois, et ce feu brûla jusqu'au jour. Toute cette nuit, je dormis seul; mes gens veillèrent; tel avait été l'ordre de Klaas. On me raconta qu'on avait entendu beaucoup de buffles et d'éléphants rôder à l'entour. Nous nous y étions attendus; toute la forêt en était remplie, mais la multiplicité de nos feux avait empêché qu'ils ne nous inquiétassent.

Mes gens me présentèrent à mon déjeuner le pied d'éléphant. La cuisson l'avait prodigieusement enflé; j'avais peine à en reconnaître la forme; mais il avait si bonne mine, il exhalait une odeur si suave, que je m'empressai d'en goûter; c'était bien un manger de roi : quoique j'eusse entendu vanter les pieds de l'ours, je ne concevais pas comment un animal aussi lourd, aussi matériel que l'éléphant, pouvait donner un mets aussi délicat. Mes Hottentots, assis près de moi, se régalaient avec d'autres parties, qu'ils ne trouvaient pas moins excellentes.

Nous employâmes le reste de la journée à arracher les défenses ; comme c'était une femelle, elles ne pesaient guère que vingt livres ; la bête avait huit pieds trois pouces de hauteur. Mes gens se chargèrent de toute la viande qu'ils pouvaient porter, et nous reprîmes la route du camp. Nous nous étions proposé de suivre la piste de celui qui m'avait laissé la vie, et que nous avions si cruellement maltraité ; mais il en était venu tant d'autres pendant la nuit, que les traces se trouvèrent confondues. Nous étions d'ailleurs si fatigués, je craignais tant de rebuter ces pauvres gens ! Je les ramenai au plus vite.

III

De retour au camp, mon vieux Swanepoël me dit que, pendant mon absence, il avait été toutes les nuits inquiété par des troupes d'éléphants, qui s'étaient si fort approchés qu'on les entendait casser les branches et brouter les feuilles ; je fis un tour dans la forêt, et je vis effectivement une quantité de jeunes arbres cassés, de branches dégarnies, et de jeunes pousses dévorées.

C'en était assez pour me mettre en campagne.

Mes gens avaient eu tout le temps de reposer; j'aimais mieux aller surprendre de jour ces animaux, que de les attendre chez moi pendant la nuit; dès le matin je me mis sur la piste; je ne fus pas obligé de courir bien loin; car, du haut d'une colline, à la lisière du bois, j'en aperçus quatre dans de fortes broussailles; je fis en sorte de n'en point être éventé; et, m'approchant avec précaution, je me donnai le plaisir de les considérer à mon aise, pendant plus d'une demi-heure; ils étaient occupés à manger les extrémités des buissons. Avant de les prendre, ils les frappaient de trois ou quatre coups de trompe; c'était, je crois, pour en faire tomber les fourmis ou d'autres insectes. Après ce préliminaire, ils formaient, toujours avec la trompe, un faisceau de toutes les branches qu'elle pouvait entourer, et le portant à la bouche, toujours de gauche à droite, sans le broyer beaucoup, ils l'avalaient. Je remarquai qu'ils donnaient la préférence aux branches les plus garnies de feuilles, et qu'ils étaient en outre très friands d'un fruit jaune, quand il est mûr, et qu'on nomme *cerisier* dans le pays.

Lorsque j'eus suffisamment examiné leur manège, je tirai à la tête celui qui se trouvait le plus près de moi, et en moins de dix minutes je mis par terre de même les trois autres (1).

Nous nous imaginions qu'il n'y en avait plus; mais un grand bruit à côté de nous nous ayant fait tourner la vue, un de mes Hottentots, qui aperçut un petit éléphant, le tua; j'en eus beaucoup d'hu-

(1) Lorsque les éléphants sont en troupes et pressés, si le premier qu'on a tiré tombe mort, on peut se promettre de les abattre tous les uns après les autres.

meur et le réprimandai fortement. Ce jeune animal n'était pas plus gros qu'un veau de cinq à six mois; j'aurais pu facilement l'apprivoiser.

Parmi les quatre que j'avais tués, il y avait un jeune mâle de sept pieds un pouce de hauteur; ses défenses ne pesaient guère qu'environ quinze livres chacune.

La plus grande des trois femelles n'avait que huit pieds cinq pouces, et, en général, leurs défenses ne passaient pas quinze livres par pièce.

Les lions nous inquiétaient fort peu; notre artillerie, qui ronflait de tous côtés pendant le jour, les tenait écartés. Nous les entendions, à la vérité, rugir toutes les nuits ; mais jamais, si ce n'est une seule fois, ils n'osèrent nous approcher assez pour nous alarmer. Les panthères s'annonçaient aussi au lever et au coucher du soleil, sur les bords de la rivière; mais elles se tenaient à des distances éloignées : au fort des nuits elles s'avançaient davantage; nous étions constamment avertis par les chiens; et le lendemain nous jugions à leurs traces jusqu'à quel point elles s'étaient hasardées. C'est la nécessité seule qui rend audacieuses toutes ces espèces carnivores, naturellement craintives à l'aspect de l'homme, et je crois qu'on a trop exagéré les dangers qu'on court dans leur voisinage. Rarement rencontre-t-on ces animaux dans les bois; les deux seules espèces de gazelles qui s'y trouvent n'y abondent point assez pour satisfaire leur voracité. Ils préfèrent poursuivre les hordes nombreuses qui voyagent d'un canton dans un autre ; c'est alors qu'ils peuvent choisir et faire un affreux carnage.

Le petit mâle qu'avait tué mon indiscret Hottentot

ne montrait point encore de défenses; en lui écartant les lèvres, je ne vis, à l'endroit où elles doivent pousser, qu'un point blanc de la grosseur d'une chevrotine; sa viande était fort délicate.

J'avais laissé mes gens occupés à dépecer nos éléphants. Revenu de la fontaine au bout d'une demi-heure, je trouvai bien extraordinaire de n'en plus apercevoir un seul. Que pouvait-il être arrivé qui les eût forcés d'abandonner l'ouvrage? Je ne pouvais concevoir la cause de cette désertion subite. Je me mis à crier de toutes mes forces, pour les rappeler, s'ils pouvaient m'entendre; je fus bien étonné lorsqu'à ma voix je les vis sortir tous quatre du corps des éléphants, dans lesquels ils s'étaient introduits pour en détacher les filets intérieurs, qui, après les pieds et la trompe, sont les morceaux les plus délicats.

J'avais dépêché mon cinquième Hottentot au camp, pour dire à Swanepoël de m'envoyer un attelage de bœufs et une chaîne. Nous avions tranché les quatre têtes, quand tout cela arriva. On commença par les enfiler avec la chaîne; mais ce ne fut pas une petite cérémonie de faire approcher les bœufs et de les atteler à ces têtes. Ils soufflaient avec violence, écartaient les naseaux; ils reculaient d'horreur. Cependant nous parvînmes à les ramener par la ruse, et ils furent attelés aux quatre têtes. C'est ainsi qu'ils les traînèrent jusqu'à ma tente, à travers les sables, la poussière et les buissons, imprégnés de leur sang : spectacle horrible sans doute, mais nécessaire, le chemin étant si difficile que jamais un chariot ne serait venu jusqu'à nous. Mais ce fut bien pis lorsque, voulant retourner aux éléphants près desquels j'avais laissé une partie de mon monde, je ne pus jamais faire passer mon cheval par les endroits tout souillés de leur sang; je fus contraint de le conduire par un autre chemin, et, lorsqu'arrivé près des éléphants il en eut senti l'odeur et les eut aperçus, il se cabra, s'emporta, me jeta par terre; et, prenant sa course par un très long détour, il regagna le gîte.

Obligé de retourner à pied, j'aperçus en route à travers les arbres un étranger à cheval, un Hottentot qui ne m'était point connu; comme je voyais qu'il coupait au court pour me rejoindre, je l'attendis; c'était un exprès envoyé par M. Boers; il avait eu ordre de s'informer de moi dans tous les cantons des colonies où je pouvais avoir passé et de me suivre à la trace, lorsque, quittant les chemins connus, je me serais enfoncé dans le désert : cet homme avait exactement rempli sa commission; et, suivant l'empreinte de mes roues, elles l'avaient conduit à tous mes divers campements, et de là jusqu'à moi.

Avant de quitter le Cap, M. Boers m'avait promis que si, pendant mon absence, il recevait pour moi des lettres d'Europe, quelque route que j'eusse tenue, quelque lieu que j'habitasse, il me les ferait parvenir; ce respectable ami m'avait tenu parole : dans le paquet que son Hottentot me remit de sa part, j'en trouvai plusieurs qui portaient le timbre de France; c'étaient les premières nouvelles que je recevais depuis mon départ d'Europe; qu'on se figure mon impatience et le trouble de mes sens en prenant ces lettres des mains de l'envoyé! Dans l'incertitude de ce que j'allais apprendre, j'avais à peine la force de les ouvrir; on devine bien que je n'attendis pas que je fusse de retour au camp pour me satisfaire. Elles étaient toutes de mes plus chers amis et de ma famille; mon œil les parcourut plus vite que l'éclair; je n'y voyais partout que des sujets de félicité; j'étais aimé, regretté. La tendre amitié venait me chercher jusqu'au fond de mon désert, pour inonder mon cœur de ses voluptés; je ne pouvais ni parler, ni soupirer, ni pleurer; je ne pouvais que rester à cette place, et mourir de ma joie; peu à peu je repris mes sens et je revins à mon camp.

Ces premiers élans apaisés, je m'enfermai dans ma tente; et, donnant un libre cours à mes larmes je me trouvai soulagé, et me mis en devoir de répondre sur-le-champ. Ja datai mes lettres du CAMP D'AUTENIQUOIS, JOUR OU J'AVAIS TUÉ QUATRE ÉLÉPHANTS.

La nuit venue, le camp rangé et les feux faits, je m'y plaçai à mon ordinaire, mes papiers sur mon bout de planche, et mes Hottentots autour de moi. « Mes amis, leur dis-je, vous voyez un homme, un de vos compatriotes, que M. Boers envoie pour s'informer de ce que je suis devenu, pour savoir de moi-même si votre conduite répond à ce qu'il attend de vous, et à ce que vous me devez. Voilà (en leur montrant la première lettre qui me tomba sous la main), voilà la réponse que je lui fais, je lui apprends que, jusqu'à ce jour, vous vous êtes comportés en braves et honnêtes gens; que, depuis plusieurs mois que nous voyageons ensemble, je vous regarde comme les fidèles compagnons de mon entreprise et de mes travaux; je lui dis qu'il doit être sans inquiétude à mon égard, parce que je compte sur vous comme sur moi-même ; et, afin que de retour au Cap l'envoyé de M. Boers puisse assurer vos amis et vos familles que vous vous portez bien, que vous êtes contents et heureux avec moi, je veux qu'il soit témoin de la façon amicale avec laquelle je vous traite, et je vais, en conséquence, distribuer à chacun de vous un bout d'excellent tabac ; je prétends que toutes les pipes s'allument à l'instant. » La distribution faite, chacun se remit à sa place, et s'enfuma tout à son aise.

J'étais si joyeux des témoignages d'affection que je recevais des miens, de leurs protestations vives d'attachement, des détails exacts et marqués au coin de la complaisance et de l'intimité qu'on me donnait dans toutes les lettres, qu'enivré de plaisir, oubliant pour ce moment et l'Afrique, et la chasse, et les plus beaux oiseaux, et les brillantes collections, en un mot redevenu, pour cette fois, un enfant, j'imaginai, pour me divertir, ce que dans un certain monde on nomme une *folle journée*, et dans un ordre inférieur tout naturellement une *farce*.

Je m'étais montré un peu trop généreux dans la distribution du tabac. Ils en avaient plus qu'il n'en fallait pour s'enivrer, si je les avais laissés faire ; mais je roulais dans ma tête un moyen de les en empêcher. Je m'étais aperçu que la troisième charge des pipes tirait à sa fin ; je n'eus pas plutôt pris mon thé à la crème, que je me fis apporter un petit coffret que je plaçai sur mes genoux. Je l'ouvris ; jamais charlatan n'y eût mis autant d'adresse et de mystère. J'en tirai ce noble et mélodieux instrument, inconnu peut-être à Paris, mais assez commun dans quelques provinces, et qu'on voit dans les mains de presque tous les écoliers et du peuple, en un mot une *guimbarde*. Je commençais à peine un air de pont-neuf, que je vis tout mon monde descendre silencieusement les pipes, et me considérer, bouche béante, le bras à demi tendu, les doigts écartés dans l'attitude de ces gens qu'une bonne vieille vient d'ensorceler ; mais leur extase n'égalait point encore leur plaisir ; toutes les oreilles dressées, et les têtes immobiles penchées de mon côté, ne perdaient pas le moindre son de l'instrument ; ils ne purent tenir à leur enthousiasme ; chacun insensiblement quitte sa place pour s'approcher et jouir de plus près ; je crus voir le moment où tous ensemble allaient se prosterner devant le dieu qui opérait ces prodiges ; je riais en moi-même comme un fou, et faisais mes efforts pour ne pas éclater ; ce qui eût bientôt dissipé le prestige. Quand je l'eus savouré à mon aise, je me saisis de celui de mes gens qui se trouvait le plus près de moi, et l'armai de mon luth merveilleux. J'eus beaucoup de peine à lui faire comprendre la manière de s'en servir ; lorsqu'il y fut tant bien que mal arrivé, je le renvoyai à sa place. Je m'étais bien douté que les autres ne seraient contents que lorsqu'ils auraient aussi chacun le leur. Je distribuai donc autant de guimbardes que j'avais de Hottentots à ma suite ; et, ramassés ensemble, les uns faisant bien, les autres faisant mal, d'autres plus mal encore, ils me régalèrent d'une musique à épouvanter les Furies ; jusqu'à mes bœufs, inquiétés de ce bourdonnement affreux, et qui se mirent à beugler, tout mon camp fut le théâtre d'un charivari dont rien n'offre d'exemple. C'était de toutes parts, l'image d'un vrai jour de sabbat.

A l'air de stupéfaction dont je les avais frappés, en essayant moi-même l'instrument ridicule, je m'étais persuadé qu'on étonne de simples esprits avec de bien simples moyens; et, malgré tout ce que raconte l'histoire des grands talents d'Orphée et des miracles de sa musique, je suis toujours tenté de faire honneur aux poètes de cette lyre harmonieuse, que leur imagination a divinisée.

Lorsque je me fus suffisamment rempli des accords de la mienne, et que je craignis que ces plaisanteries ne se changeassent en alarmes sérieuses, et que mes bœufs, qui n'avaient point oublié les têtes d'éléphant, ne prissent absolument l'épouvante et ne décampassent, je fis signe de la main que j'avais quelque chose à dire; tout le bruit cessa. « Mes chers enfants, ajoutai-je d'un ton simple et cordial, je vous ai régalés du meilleur tabac que vous ayez jamais goûté; je vous ai fait connaître un instrument merveilleux; nous allons à présent terminer cette fête charmante par une rasade générale du meilleur *brandewyn* français, et nous le sablerons à la santé de nos familles et de nos amis. »

C'était, comme je l'ai dit, un vrai jour de carnaval; et, jusqu'aux bêtes domestiques, tout devait se ressentir de la folie commune, et prendre part à nos orgies. Keès était dans ce moment à côté de moi. Il aimait cette place; les soirs surtout il ne manquait pas de s'y rendre. Elevé comme un enfant de famille, je l'avais passablement gâté. Je ne buvais ou ne mangeais rien que je ne le partageasse toujours avec lui. S'il m'arrivait quelquefois de l'oublier, ennemi juré de mes distractions, il avait grand soin de m'arracher à mes rêveries par quelques coup de sa main, ou le bruit de ses lèvres. J'ai dit que la gourmandise le poignait avec force ; son tempérament le portait aux extrêmes ; il aimait également le lait et l'eau-de-vie. Jamais je ne lui faisais donner de cette liqueur que sur une assiette qu'on plaçait ordinairement devant lui ; j'avais remarqué que, toutes les fois qu'il en avait bu dans un verre, sa précipitation lui en faisant prendre autant par le nez que par la bouche, il en avait pendant des heures entières à tousser et à éternuer ; ce qui l'incommodait fort, et pouvait à la longue lui casser quelque vaisseau.

Il était donc à mes côtés, son assiette à terre devant lui, attendant qu'on lui servît sa portion, suivant des yeux la bouteille qui faisait la ronde, et s'arrêtait à chacun de mes Hottentots. Dans quelle impatience il attendait son tour ! comme ses mouvements et ses regards semblaient nous dire qu'il craignait que la cruelle bouteille ne se vidât trop tôt, et n'arrivât point jusqu'à lui ! Mais, hélas ! l'infortuné qui se léchait les lèvres d'avance, ne savait pas qu'il allait en goûter pour la dernière fois !... Rassure-toi, lecteur sensible, le bon Keès ne périt point, et mon eau-de-vie à l'avenir fut épargnée.

J'avais fini mes dépêches, et je mettai mes dernières enveloppes, au moment où il voyait avec satisfaction la bouteille achever la ronde ; il me vint dans l'idée de tromper son attente par une espièglerie, sans autre motif que de lui causer une surprise et de m'amuser. On venait de lui verser sa portion dans son assiette; tandis qu'il se met en posture, j'allume à ma chandelle une déchirure de papier que je lui glisse subtilement sous le ventre; l'eau-de-vie s'enflamme; Keès pousse un cri aigu, et saute à dix pas de moi, jurant de tout son pouvoir; j'eus beau le rappeler et lui promettre mille caresses : ne prenant conseil que de son dépit et de sa colère, il disparut et alla se coucher; déjà la nuit était avancée; je reçus des adieux et des remerciements de mon monde, et chacun s'endormit profondément.

Je dois observer qu'à dater de cette peur terrible de mon Keès, j'ai vainement employé tous les moyens de faire oublier à cet animal ce qui s'était passé, et de le ramener à sa liqueur favorite, jamais il n'en a voulu boire; il l'avait prise au contraire en aversion. Si quelqu'un de mes gens, pour lui faire une niche, lui montrait seulement la bouteille, il marmottait entre ses dents, jurant après lui; quelquefois, lorsqu'il était à sa portée, il lui appliquait un soufflet, gagnant vite un arbre, et de là narguait en sûreté le mauvais plaisant.

Le jour suivant, après avoir récompensé dignement l'intelligent commissionnaire de M. Boers, je lui remis mes dépêches, et lui fis reprendre sa route.

IV

L'Ange-Kloof a, dans sa longueur, quelques misérables habitations, qui ressemblent moins à la demeure des hommes qu'à des tanières d'animaux. On y nourrit un peu de bétail. Lorsque le vent d'est vient frapper ces contrées sauvages, le froid y est excessif ; je l'ai senti depuis le premier jour jusqu'au dernier. Nous avions, tous les matins, de la glace et de la gelée blanche. Je ne sais pas combien cette vallée de désolation a de longueur précise; mais je suis sûr d'avoir employé quarante-six heures de marche pour la traverser.

Cette vallée traversée, nous franchissions encore une montagne fort escarpée et si dangereuse que deux de mes bœufs y furent éventrés.

Combien nous fûmes dédommagés à l'aspect de ce pays brillant et nouveau, de l'ennui que nous éprouvions depuis plusieurs jours au milieu des chemins détestables et des glaces de la vallée de l'Ange-Kloof.

Le premier jour de mon campement, vers le milieu de la nuit, couché dans ma tente, mais ne dormant pas encore, je crus entendre un bruit qui n'était pas ordinaire ; je prêtai l'oreille avec attention ; je ne m'étais point trompé : c'étaient des cris et des chants qui ne me paraissaient pas venir de

Je fis une patrouille rigoureuse. (Page 44.)

fort loin ; j'appelai aussitôt mes gens, qui me dirent qu'ils entendaient aussi un bruit confus ; mais, étaient-ce des Hottentots ? étaient-ce des Cafres? Je devais redouter ceux-ci, non qu'ils soient, comme d'ignorants écrivains les dépeignent, plus altérés de sang humain que les autres sauvages, mais parce que les traitements odieux que leur font essuyer les colons les portent davantage à la guerre et que la vengeance est de droit naturel. Je rapporterai bientôt plusieurs faits, qui prouveront mieux que de vains raisonnements lequel est le barbare d'un sauvage ou d'un blanc.

C'était assez de cette couleur pour être confondu parmi les victimes de leur colère. Je fis mettre tout mon monde sous les armes, et nous nous éloignâmes du camp. A mesure que nous marchions, le bruit était plus distinct, et nous vîmes les feux. Je ne pouvais me persuader que ce fussent des Cafres ; ils se seraient trahis eux-mêmes ; en vain l'artifice emprunte les ombres de la nuit, il doit encore emprunter son silence.

Je me postai dans une embuscade, afin de les surprendre, s'ils venaient à passer pour piller mon camp ; et je détachai deux de mes gens pour aller à la découverte : ils revinrent aussitôt et m'apprirent que nous n'avions eu qu'une fausse alarme, et que c'était une horde hottentote qui chantait et se divertissait. Je me rassurai, et fus même enchanté de cette nouvelle, qui me promettait pour le lendemain une entrevue intéressante. Nous gagnâmes notre gîte, et chacun se rendormit tranquillement.

De bon matin, je fus de nouveau réveillé par des

ramages qui n'étaient pas moins de mon goût. C'étaient des oiseaux que je ne connaissais point, et que je n'avais jamais entendus. Aussitôt donc je me mis en chasse, en permettant à mes Hottentots d'aller reconnaître et visiter les leurs.

La connaissance fut bientôt liée avec cette horde sauvage ; je me rendis à mon tour auprès d'elle ; nous fûmes bientôt satisfaits les uns des autres. Leurs femmes s'habituèrent à nous apporter, tous les soirs, une grande quantité de lait. Ces gens étaient riches en bestiaux. Ils me firent présent de quelques moutons; ils y ajoutèrent encore une paire de magnifiques bœufs pour mes attelages; et, ne voulant point être en reste avec eux, je leur donnai du tabac, des briquets, des couteaux : une véritable et très cordiale amitié s'établit entre les deux campements. J'appris qu'à l'embouchure de cette rivière, je pourrais rencontrer des hippopotames ; mais j'eus beau explorer les environs, jamais je n'eus la satisfaction d'en joindre, ou même d'en voir un seul.

En revanche, l'éléphant, et plus encore le buffle, étaient si communs et si faciles à tuer, que nous regorgions de vivres ; j'en fournissais abondamment à nos amis de la horde, très heureux des profits que leur valait notre voisinage.

Une nuit, nous eûmes une alerte qui pouvait devenir sérieuse ; nous fûmes tous en même temps réveillés par un bruit épouvantable ; c'était un troupeau d'éléphants qui défilait et frisait notre camp. Ils étaient par centaines. J'éprouvais des transes affreuses, que mes gens partageaient bien chacun en son particulier ; nous ne nous avisâmes pas d'insulter ces énormes bataillons, ni de leur disputer le passage. Mon camp, mes animaux, mes voitures et tout mon monde eussent été pulvérisés en un clin d'œil. Ils ne s'arrêtèrent point, et mon camp fut respecté.

A la pointe du jour, nous revîmes nos voisins ; ils avaient eu les mêmes terreurs que nous. Ils venaient particulièrement m'avertir que si je rencontrais jamais cette espèce, il fallait bien me donner de garde de tirer ; que les éléphants que nous avions vus étaient dangereux et beaucoup plus méchants que les autres ; ils m'assuraient que la chair n'en valait rien, qu'elle donnait des ulcères à quiconque en mangeait ; qu'en un mot, c'étaient des éléphants rouges. Des éléphants rouges ! ce seul mot me donnait envie de les voir, et me promettait de nouvelles eonnaissances à acquérir ; car jamais je n'avais lu ni entendu dire qu'il y eût des éléphants rouges.

Ces animaux, retirés dans les bois, avaient gagné un fond couvert d'énormes buissons ; il n'eût pas été prudent de trop les approcher ; je fis filer des Hottentots par derrière pour former une enceinte, avec ordre de mettre le feu de distance en distance aux herbes sèches, et de tirer des coups de fusil afin de les obliger de passer au pied d'un rocher, sur lequel je m'étais posté avec mes meilleurs tireurs : nous ne pouvions y courir aucune espèce de danger.

Mes traqueurs me secondèrent merveilleusement ; aussitôt que les feux et les coups de fusil eurent donné l'alarme, toute la troupe épouvantée se présenta devant moi ; une douzaine de décharges auxquelles ils ne s'attendaient pas les firent reculer avec précipitation et dans le plus grand désordre ; j'essayerais en vain de rendre les signes multipliés de leur fureur ; ils se voyaient d'un côté poursuivis par le feu des broussailles qui les gagnait par derrière ; de l'autre par mes décharges au seul passage qui leur restât pour échapper à la mort; ils s'agitaient autant que pouvaient leur permettre la pesanteur et l'énormité de leurs masses ; leurs cris assourdissants et le craquement des arbres qu'ils brisaient pour reculer ou pour fuir formaient un choc, un tumulte épouvantable, dont le spectacle m'effrayait moi-même, quoique je fusse à l'abri sur mon rocher, et que je ne pusse être inquiété en aucune façon. Nous en avions blessé un qui s'était un moment écarté de l'enceinte, mais qui venait d'y rentrer; confondu avec les autres, il nous eût été difficile de l'ajuster de nouveau. A la nature de ses mugissements, je pensai qu'il était bien frappé, et ne tarderait pas à expirer ; nous ne jugeâmes pas à propos d'aller à lui, bien certains qu'il ne pourrait nous échapper.

Je n'avais eu d'autre dessein dans cette nouvelle chasse que de me procurer un de ces animaux, qu'on disait d'une espèce différente de tous ceux que j'avais vus jusque-là ; satisfait d'en avoir blessé un, et le tenant pour mort, je remis au lendemain à le trouver ; en conséquence, je rappelai tous mes gens, et nous regagnâmes le camp.

J'avais en effet été frappé de la couleur rougeâtre de ces animaux, et je trouvais ce phénomène extraordinaire; mais ayant remarqué que la terre sur laquelle nous étions alors avait à peu près la même teinte, et réfléchissant que l'éléphant aime et passe une partie de son temps à se vautrer dans les endroits humides et marécageux, je me doutais que cette couleur n'avait d'autre cause, et qu'elle était purement factice.

J'en fus mieux convaincu lorsque, revenu au bois le lendemain matin avec tout mon monde, je trouvai notre éléphant mort ; chacun demeura persuadé que nos voisins s'étaient trompés ; et quoi qu'ils nous eussent dit du danger qu'il y avait à manger de cette espèce, mes gens coupèrent la trompe pour moi, et prirent pour eux les autres parties de l'animal ; j'ai quelquefois rencontré par la suite des colons qui croyaient encore aux éléphants rouges : quelques peines que j'aie prises à les dépersuader, je n'ai pu rien gagner sur ces esprits prévenus ; ils soutenaient le préjugé par le préjugé même.

Quoi qu'il en soit, je commençais à prendre plaisir à cette chasse, que je trouvais enfin bien moins dangereuse que divertissante. Je ne pouvais comprendre, et l'ai moins compris encore par la suite, pourquoi les auteurs et les voyageurs ont farci de tant de mensonges les récits qu'ils nous ont faits des forces et des ruses de cet animal ; pourquoi ils ont si fort monté l'imagination sur les dangers où s'exposent les chasseurs qui les poursuivent. A la vérité, qu'un étourdi soit assez téméraire pour attaquer un éléphant en rase campagne, il est mort s'il manque son coup : la plus grande vitesse de son cheval n'égalera jamais le trot de l'ennemi furieux qui le poursuit ; mais si le chasseur sait prendre ses avantages, toutes les forces de l'animal doivent céder à son adresse et à son sang-froid. J'avoue que sa première vue cause un étonnement presque stupide; elle est imposante, effrayante; mais, avec un peu de courage et de tranquillité, on s'accoutume bientôt à son aspect. Avant de se livrer à cette grande chasse, un homme prudent doit s'attacher à découvrir le caractère, la marche et les circonstances, s'assurer des retraites pour se mettre à l'abri de tout péril, s'il arrivait que, l'ayant manqué, il en fût poursuivi ; au moyen de ces precautions, cette chasse n'est plus qu'un exercice amusant, un jeu dans lequel il y a cinquante contre un à parier pour le joueur.

Tant que je restai dans ce canton, je variai mes campements avec mes occupations. J'y fis une ample moisson de raretés, et ma collection s'y accrut sensiblement.

Le 11 septembre, à six heures du matin, nous décampâmes ; j'en avais donné connaissance à la horde voisine ; c'était avec le plus vif regret qu'elle nous voyait partir ; moi-même je m'en séparais avec peine. Ces bonnes gens m'avaient inspiré de l'attachement : « Tant de douceur et de simplicité, me disais-je, peuvent-ils attirer tant de mépris? Sont-ce donc là ces sauvages de l'Afrique, avides du sang des étrangers, et qu'on n'aborde qu'avec horreur? » Cette bonhomie et cette affabilité me donnaient d'autant plus de confiance, que j'étais réellement alors plongé dans le désert, et que rien ne me promettait de dangers pour la suite. Tout ce pays, qui n'est habité que par des hordes de Gonaquois, diffère essentiellement de celui des Hottentots de la colonie. Ces peuples n'ont entre eux aucune relation directe. Ceux-là sont appelés

Hottentots sauvages. Je n'irai pas plus avant sans donner sur eux en général des aperçus certains, sans lesquels on n'a pu, jusqu'ici, s'en former que des idées imparfaites.

Ils ne composent plus, comme autrefois, une nation uniforme dans ses mœurs, ses usages et ses goûts. L'établissement de la colonie hollandaise a été l'époque funeste qui les a désunis tous, et causé les différences qui les distinguent aujourd'hui.

Lorsqu'en 1652 le chirurgien Riébek, de retour de l'Inde à Amsterdam, ouvrit les yeux des directeurs de la Compagnie sur l'importance d'un établissement au cap de Bonne-Espérance, ils pensèrent sagement qu'une telle entreprise ne pouvait être exécutée que par le génie même qui l'avait conçue. Ainsi, chargé de pouvoirs, bien approvisionné, muni de tout ce qui pouvait contribuer à la réussite de son projet, Riébek arriva bientôt à la baie de la Table. En politique adroit, en habile conciliateur, il employa toutes les voies détournées propres à lui attirer la bienveillance des Hottentots, et couvrit de miel les bords du vase empoisonné. Gagnés par de cruels appâts, ces maîtres imprescriptibles de toute cette partie de l'Afrique, les sauvages, ne virent point tout ce que cette profanation coupable leur enlevait de droits, d'autorité, de repos, de bonheur. Indolents par nature, vrais cosmopolites, et nullement cultivateurs, pourquoi se seraient-ils inquiétés que des étrangers fussent venus s'emparer d'un petit coin de terre, inutile et souvent inhabité ? Ils pensèrent qu'un peu plus loin, un peu plus près, il importait peu dans quel lieu leurs troupeaux, la seule richesse digne de fixer leurs regards, trouveraient leur nourriture, pourvu qu'ils la trouvassent. L'avare politique des Hollandais entrevit de grandes espérances dans des commencements aussi paisibles; et, comme elle est surtout habile et plus âpre qu'une autre à saisir les avantages de la fortune, elle ne manqua pas de consommer l'œuvre, en offrant aux Hottentots deux amorces bien séduisantes, le tabac et l'eau-de-vie. De ce moment, plus de liberté, plus de fierté, plus de nature, plus de Hottentots, plus d'hommes; ces malheureux sauvages, alléchés par ces appâts, s'éloignèrent le moins qu'ils purent de la source qui les leur offrait; d'un autre côté, les Hollandais qui, pour une pipe de tabac ou un verre d'eau-de-vie, pouvaient se procurer un bœuf, se ménagèrent, autant qu'ils purent, d'aussi précieux voisins. La colonie insensiblement s'étendait, s'affermissait; on vit bientôt s'élever, sur des fondements qu'il n'était plus temps de détruire, cette puissance redoutable qui dicta des lois à toute cette partie de l'Afrique, et recula bien loin tout ce qui voulut s'opposer aux progrès de son ambitieuse cupidité. Le bruit de ses prospérités se répandit, et y attira de jour en jour de nouveaux colons. On jugea, comme cela se pratique toujours, que la loi du plus fort était un titre suffisant pour s'entendre à volonté; cette logique rendit nuls ceux de la propriété, si sacrés et si respectables; on s'empara indistinctement, à plusieurs reprises, au delà même des besoins, de toutes les terres que le gouvernement ou les particuliers favorisés par lui jugèrent bonnes et trouvèrent à leur bienséance.

Les Hottentots, ainsi trahis, pressés, resserrés

de toutes parts, se divisèrent et prirent deux partis tout à fait opposés. Ceux que la conservation de leurs troupeaux intéressait encore, s'enfoncèrent dans les montagnes vers le nord et le nord-est. Mais ce fut le plus petit nombre. Les autres, ruinés par quelques verres d'eau-de-vie et quelques bouts de tabac, pauvres, dépouillés de tout, ne songèrent point à quitter le pays ; mais, renonçant absolument à leurs mœurs ainsi qu'à leur antique et douce origine, dont ils ne se souviennent plus même aujourd'hui, ils vendirent lâchement leurs services aux blancs qui, d'étrangers soumis, tout à coup devenus maîtres et cultivateurs entreprenants et fiers, n'ont pas même assez de bras pour faire valoir leurs immenses richesses et se déchargent entièrement des travaux pénibles et multipliés de leurs habitations sur ces infortunés Hottentots, de plus en plus dégradés et abâtardis.

Toute la horde, qui avait de la peine à se séparer de moi, m'accompagna quatre lieues plus loin, jusqu'à la rivière *Louri* ou rivière des *Touracos*, que les colons nomment *Louris*, oiseaux dont on trouve en effet une grande quantité dans les forêts des environs. Nous nous arrêtâmes ici pour prendre congé de nos bons amis, les régaler de quelques verres d'eau-de-vie, de quelques pipes de tabac, et nous poussâmes notre route.

De combien de procédés et d'inventions utiles le hasard n'est-il pas souvent la cause ? Presque toujours il nous sert mieux, et par des moyens plus simples qu'aucun de ceux qui nous sont suggérés par nos propres lumières, nos combinaisons, notre intelligence : je reçus la preuve de cette vérité dans l'endroit même où je m'arrêtai.

La horde dont je venais de me séparer était venue dès le matin m'apporter, dans mon camp, une bonne provision de lait ; j'en avais placé une cruche presque remplie sur mon chariot dans l'intention de m'en servir en route pour me désaltérer ; l'orage que nous avions essuyé m'avait tellement rafraîchi que je n'y avais pas touché ; le soir, après les feux faits, je voulus distribuer ce lait à mes gens, mais il était tourné ; je le fis jeter dans une chaudière pour en régaler mes chiens ; combien ne fus-je pas émerveillé d'y trouver le plus excellent et le plus beau beurre ; j'en étais redevable aux cahotements de la voiture qui l'avait battu pendant la route. Cette découverte, que je mis en pratique dans tout mon voyage, me procurait, outre le beurre frais, un petit-lait salutaire dont je faisais fréquemment usage, et qui sans doute contribua à me tenir vigoureux et bien portant.

Le jour suivant, un second orage plus terrible encore que le premier nous empêcha de partir. Mais enfin, le temps ayant changé, nous abandonnâmes notre mare ; et, vers le milieu de la journée, après avoir traversé les deux rivières, le petit et le grand *Swaar-Kops*, ou *Swarte-Kop* ou la Tête noire, je fis dételer sur le bord de cette dernière. Nous avions sur cette seconde rivière, qui était considérable, une autre horde de sauvages. Le kraal était composé de neuf à dix huttes, et fourni de cinquante à soixante personnes tout au plus. Ces gens me conseillèrent de ne point passer la rivière des Bossismans qui coule près de la côte ; ils me disaient qu'il était plus à propos de couper sur ma gauche et de gagner davantage l'intérieur du pays, pour éviter une troupe nombreuse de Cafres qui jetait l'alarme et mettait tout à feu et à sang dans le canton; que de côté et d'autre ce n'était que désordre et pillage, campagnes ravagées, habitations dévastées et réduites en cendres; que les propriétaires, pour échapper à une mort prompte et sûre, avaient tout abandonné, traînant derrière eux quelques faibles restes de leurs troupeaux; qu'en un mot je ne devais pas m'approcher de la Cafrerie. Un avertissement aussi brusque m'en imposa d'abord. Je rassemblai aussitôt mon monde. On tint conseil sur le parti qu'il fallait prendre. J'étais bien aise d'approfondir les dispositions de tous. Il résulta de ce concert unanime, assez conforme à mes desseins cachés, que nous éviterions d'abord, autant que cela ne nous rejetterait pas trop loin, cette dangereuse troupe de Cafres; que, comme nous en étions fort près, nous serions toujours sur nos gardes de jour et de nuit; que, pour éviter toute surprise, nous ne camperions plus qu'en rase campagne; que nos bœufs seraient gardés à leur pâture par quatre hommes avec leurs fusils; que mes chevaux ne quitteraient plus le piquet, afin qu'en cas d'alarme ils fussent toujours sous la main; mon grand fusil bien chargé devait rester au camp, et trois coups tirés à des intervalles égaux étaient le signal de ralliement pour ceux que leurs occupations diverses auraient trop éloignés du centre commun.

Nos précautions aussi bien prises et connues de tout le monde, je montai à cheval; et, suivi de deux de mes gens bien armés, je fis une patrouille rigoureuse, afin de découvrir si, dans les environs, il ne rôdait pas quelques Cafres, et de fusiller impitoyablement le premier que j'aurais vu caché dans l'intention de nous surprendre, s'il m'était impossible de l'enlever vivant. Rien ne se présenta. Je poussai plus avant dans l'après dînée. La rivière, jusque près de son embouchure, était bordée d'arbres épineux, la terre sablonneuse, couverte de buissons et peuplée d'un abondant gibier. J'en tuai quelques pièces par provision. Nous ne vîmes rien paraître qui dût nous inquiéter ; convaincu que nous n'avions, pour le moment, rien à redouter de ces Cafres si terribles, dès le lendemain matin je fis lever le camp, et nous quittâmes le Swaar-Kop.

La horde de Hottentots, effrayée au seul nom de ces cruels vengeurs, se proposait d'aller s'établir plus loin, pour n'être plus dans le voisinage de la Cafrerie. Lorsqu'elle me vit près de partir, elle me demanda la permission de me suivre, et de se mettre sous la protection de mon camp. Je leur accordai cette grâce ; et, quoique dans le fond je fusse enchanté de leur proposition, je m'en fis adroitement un mérite, autant dans le dessein de les tenir sous ma dépendance que de rassurer mes gens par ce simulacre imposant, et de soutenir leur courage. Je ne pouvais rien désirer de plus favorable ; je renforçais ma troupe, et j'avais, par-dessus les ressources particulières de cette horde, l'avantage de ma petite artillerie, qui pouvait faire face à des nuées de sagayes, et rendre nuls tous les efforts d'une armée de sauvages, si j'étais bien secondé. En moins de deux heures, les cabanes furent démontées, empaquetées et mises avec les autres effets sur le dos des bœufs auxiliaires.

Je fis d'abord partir avant moi la moitié des hommes de cette horde avec tous les bestiaux ; je leur donnai deux de mes gens, bien armés, pour les escorter ; ils emmenaient aussi un de mes chevaux, afin qu'en cas d'accident ils pussent m'en donner plus promptement connaissance.

Une heure après, je fis filer nos relais, vaches, moutons et chèvres, et toutes les femmes de la horde avec leurs hommes marchaient derrière. Cette compagnie étaient encore escortée par six de mes chasseurs. Mes trois voitures suivaient, avec le reste de mes gens, tous armés. Enfin, monté sur mon meilleur cheval, pour avoir l'œil à tout, je galopais sur les ailes, à droite, à gauche, en avant, en arrière, dans la crainte où j'étais sans cesse de quelque embuscade imprévue ; car je puis assurer que le chef une fois démonté, toute la caravane n'eût été qu'une boucherie horrible, et la proie d'un moment.

J'étais armé de toutes pièces. Je portais une paire de pistolets à deux coups dans les poches de mes culottes, une autre paire pareille à ma ceinture, mon fusil à deux coups sur l'arçon de ma selle, un grand sabre à mon côté, et un *crid* ou poignard à la boutonnière de ma veste. J'avais dix coups à tirer dans le moment. Cet arsenal me gênait un peu dans les commencements : cependant je ne le quittai plus du tout, autant pour ma propre sûreté que parce qu'il me sembla que j'augmentais, par cette précaution, la confiance de tout mon monde ; mes armes lui répondaient sans doute de mes résolutions; dans cette pensée, chacun suivait tranquillement son chemin, se reposant sur moi du soin de le défendre.

Cette caravane, en marche, était un spectacle unique, amusant, je pourrais dire magnifique. Les sinuosités qu'elle était obligée de faire en suivant les détours des rochers et des buissons lui donnaient continuellement de nouvelles formes, et ce point de vue variait à chaque instant. Quelquefois elle disparaissait entièrement à mes regards, et tout à coup, du haut d'un tertre, je découvrais, à vue d'oiseau, dans le lointain, mon avant-garde qui s'avançait lentement vers le sommet d'une montagne, tandis que le corps général, qui suivait sans tumulte et dans le plus bel ordre les traces de ceux qui les avaient précédés, n'était encore qu'à mes pieds; les femmes donnaient à téter, à manger et à boire à leurs enfants, assis à côté d'elles sur leurs bœufs; les uns pleuraient; d'autres chantaient ou riaient; les hommes, en fumant une pipe sociale, causaient entre eux, et n'avaient plus l'air de gens qui fuient pleins d'épouvante l'approche d'un ennemi cruel.

Un peu plus inquiet que ces machines ambulantes, j'avais les yeux ouverts sur ma position critique, et philosophais de mon côté sur ma bête. A trois mille lieues de Paris, seul de mon espèce parmi tant de monde, entouré, guetté par les animaux les plus féroces, j'étais tenté de m'admirer, conduisant pour la première fois dans les déserts d'Afrique une peuplade de sauvages, qui, volontairement soumise à mes ordres, les exécutait aveuglément, et s'en était remise à moi seul du soin de sa conservation; je n'avais rien à craindre d'eux tous collectivement pris ; cependant j'en voyais qui m'auraient fait trembler, si, corps à corps, il n'y avait eu entre eux et moi d'autre juge d'un débat que la force; mais, au fond, j'étais assez convaincu que là, comme ailleurs, ce n'est pas le plus fort, mais le plus adroit qui commande.

A la pointe du jour, je vis arriver de loin trois Hottentots; ils amenaient avec eux trois étrangers; l'un nommé *Hans*, fils d'un blanc et d'une Hottentote, avait presque toujours vécu parmi les Cafres; il en parlait facilement la langue ; quelques verres d'eau-de-vie d'Orléans, que j'avais en réserve, m'eurent bientôt gagné toute sa confiance, et je lui fis conter tout ce qu'il savait sur les affaires présentes. Ce qu'il m'apprit me confirma dans l'opinion que les Cafres, en général, sont pacifiques et tranquilles; mais il m'assura que continuellement harcelés, volés et massacrés par les blancs, ils s'étaient vus forcés de prendre les armes pour leur défense; il me dit que les colons publiaient partout que cette nation était barbare et sanguinaire, afin de justifier les vols et les atrocités qu'ils commettaient journellement contre elle, et qu'ils tâchaient de faire passer pour représailles; que, sous prétexte qu'il leur avait été enlevé quelques bestiaux, ils avaient, sans distinction d'âge et de sexe, exterminé des hordes entières de Cafres, dérobé tous leurs bœufs, ravagé leurs campagnes; que cette méthode de se procurer des bestiaux leur paraissant plus abrégée que celle d'en élever eux-mêmes, ils en usaient avec tant d'indiscrétion que depuis un an ils en avaient partagé plus de vingt

Elle s'y regarda attentivement. (Page 78.)

mille, et qu'ils avaient impitoyablement massacré tout ce qui s'était présenté pour les défendre. Hans m'assura avoir été témoin d'une anecdote, que je place ici comme il me la raconta.

Une troupe de colons venait de détruire une bourgade de Cafres; un jeune enfant d'environ douze ans s'était sauvé, et se tenait caché dans un trou ; il y fut malheureusement découvert par un homme du détachement de colons, qui, le voulant garder comme esclave, l'emmena au camp avec lui ; le commandant, qui le trouvait à son gré, déclara qu'il prétendait s'en emparer. Celui qui l'avait pris refusait obstinément de le rendre ; on s'échauffa des deux côtés ; le commandant alors, outré de colère, et comme un forcené courant à l'innocente victime, crie à l'adversaire : « Si je ne puis l'avoir, il ne sera pas non plus pour toi. » Au même instant il lâche un coup de fusil sur la poitrine du jeune enfant, qui tombe mort.

J'appris encore que plusieurs fois, pour s'amuser, ces scélérats avaient placé leurs prisonniers à une certaine distance, et disputaient d'adresse entre eux à qui tirerait le mieux au blanc. Je ne tarirais pas si je voulais rapporter en détail les atrocités révoltantes qu'on se permet chaque jour contre ces malheureux sauvages, sans protection et sans appui.

On a vu que Hans m'avait donné sur la Cafrerie tous les éclaircissements que je lui avais demandés ; il m'avait appris que le terrain sur lequel je me trouvais actuellement était de la domination d'un puissant prince cafre qui faisait sa résidence à trente lieues de nous, plus du côté du nord ; qu'il gouvernait la Cafrerie sous le nom du roi Faroo; il me conseillait de pénétrer jusqu'à lui, m'assurant que je n'avais rien à craindre, aucun risque à souffrir; il me disait au contraire que ces pauvres peuples me verraient avec plaisir, dans l'espérance que, de retour au Cap, le récit de ce que j'aurais vu touchant leurs mœurs, leur caractère et leur façon de vivre effacerait les mauvaises impressions que donnaient d'eux partout les colons, qui ne pouvaient les souffrir; qu'on leur laisserait peut-être à la fin leur tranquillité, le seul bien qu'ils demandassent aux blancs.

Au premier coup d'œil, ce raisonnement était spécieux, séduisant; je sentais vivement tous les avantages que je pouvais tirer d'un semblable projet. J'étais entraîné... Mais d'un autre côté, si, par trop d'imprudence ou de confiance, j'allais perdre en un moment tout le fruit de mon voyage; s'il arrivait que je fusse massacré, cette démarche pouvait passer pour le comble de la déraison et de l'extravagance; je connaissais l'humeur vive et remuante des métis hottentots, je voyais pour la première fois celui-ci : de quoi pouvait-il être capable? je l'ignorais; l'appât d'un verre d'eau-de-vie venait d'en faire un traître : il était ami des Cafres, il avait passé une partie de ses jours avec eux, il sortait alors d'une retraite suspecte à mes regards, et n'était là peut-être que pour observer les mouvements des colons et les trahir eux-mêmes. N'était-il pas possible qu'il eût aussi l'intention de me sacrifier, afin de partager mes dépouilles avec les Cafres, et de se faire auprès d'eux un mérite de m'avoir fait tomber dans le piège?

Après avoir pesé longtemps sur ces réflexions, agité par mille idées contraires, et hors d'état de prendre un parti pour moi-même, je m'arrêtai tout d'un coup à un plan plus facile et plus sage. Je me ménageais par ce moyen un peu de temps, pour me livrer à de nouvelles réflexions, et m'éclaircir davantage sans compromettre et ma fortune et ma personne. J'imaginai de faire une députation au roi Faroo, et sur la première ouverture que j'en fis à Hans, il accepta la commission sans balancer; quoique cette conduite me parût d'un assez bon augure, j'étais bien résolu cependant de prendre mes sûretés; ce jeune métis me promit d'engager deux ou trois de ses amis à faire le voyage avec lui; je lui donnai deux de mes plus fidèles Hottentots, Adam et Slenger; ils devaient rendre compte à ce roi de tout ce que j'avais fait depuis onze mois que j'avais quitté le Cap, afin qu'il fût en état de juger que la curiosité seule me conduisait dans ses Etats. Je chargeai mes messagers de lui dire que, né dans un autre monde, étranger surtout dans les lieux où je me trouvais actuellement, je n'étais, en aucune façon, ni l'ami ni le complice des colons qui lui faisaient la guerre; que je ne vivais pas même avec eux; que je désapprouvais hautement leur conduite, qu'en un mot il pouvait être assuré qu'aussi longtemps que je resterais dans son pays, il n'aurait nul sujet de s'inquiéter de mes mouvements et de mes démarches, puisqu'ils ne tendaient qu'à un but unique et bien innocent : celui de me procurer les objets relatifs à mes goûts ainsi qu'à mes études, et que loin d'apporter le ravage et la crainte dans ses possessions, j'y saisirais au contraire toutes les occasions d'être utile à ses sujets, à lui-même, comme je l'avais été à plusieurs hordes de Hottentots qui ne suspectaient ni ma foi ni mes services ; j'ajoutai que le gouvernement du Cap, à qui je rendais un compte fidèle de tout ce qui s'était passé sous mes yeux, s'empresserait de rétablir le calme dans son pays et la bonne harmonie entre lui et les colons.

Après avoir endoctriné mes députés, surtout ceux de mon camp, à qui je recommandais le plus grand secret sur quelques autres particularités dont je les fis seuls dépositaires, telles, par exemple, que la condition expresse d'amener avec eux quelques Cafres, afin de juger du degré de confiance qu'ils auraient en moi, et de voir jusqu'à quel point je pourrais leur accorder la mienne, je leur remis quelques présents pour le prince, et les congédiai ; ils me promirent de se rendre bientôt à Koks-Kraal, où je devais les attendre ; chacun d'eux fit ses provisions : ils partirent.

Je me mis moi-même en route dans la matinée ; après trois heures de marche, nous trouvâmes les bords du *Groote-Vis Rivier*, ou Grande Rivière des Poissons ; les piquets furent plantés, le camp installé. Nous avions en route tué une gazelle. En un instant on remplit les marmites ; on fit cuire des grillades sur des charbons ardents ; en moins de deux heures les trois quarts de notre viande disparurent.

Le Hottentot est gourmand tant qu'il a des provisions en abondance ; mais aussi, dans la disette, il se contente de peu ; je le compare, sous ce rapport, à l'hyène, ou même à tous les animaux carnassiers, qui dévorent toute leur proie dans un instant, sans songer à l'avenir, et qui restent en effet plusieurs jours sans trouver de nourriture, et se contentent de terre glaise pour apaiser leur faim. Le Hottentot est capable de manger, dans un seul jour, dix à douze livres de viande ; et dans une autre circonstance défavorable quelques sauterelles, un rayon de miel, souvent aussi un morceau de cuir de ses sandales, suffisent à ses besoins pressants ; je n'ai jamais pu parvenir à faire comprendre aux miens qu'il était sage de réserver quelques aliments pour le lendemain ; non-seulement ils mangent tout ce qu'ils peuvent, mais ils distribuent le superflu aux survenants ; la suite de cette prodigalité ne les inquiète en aucune façon. « ON CHASSERA, disent-ils... OU L'ON DORMIRA. » Dormir est pour eux une ressource qui les sert au besoin ; je n'ai jamais passé dans des contrées âpres et stériles où le gibier est rare, que je n'aie trouvé des hordes entières de sauvages endormis dans leurs kraals ; indice trop certain de leur position misérable ; mais ce qui surprendra beaucoup, et que je n'avance que sur des observations vingt fois répétées, c'est qu'ils commandent au sommeil et trompent à leur gré le plus puissant besoin de la nature. Il est pourtant des moments de veille au-dessus de leurs forces et de l'habitude. Ils emploient alors un autre expédient non moins étrange, et qui, pour n'inspirer nulle croyance, ne cessera pas d'être un fait incontestable et sans réplique : je les ai vus se serrer l'estomac avec une courroie ; ils diminuent ainsi leur faim, la supportent plus longtemps, et l'assouvissent avec bien peu de chose. Ce plaisant moyen des ligatures est encore chez eux un remède général qu'ils appliquent à tous les maux. Ils bandent avec force leur tête ou toute autre partie souffrante, et pensent qu'en gênant le mal ils l'obligent à fuir. J'ai été plus d'une fois présent à de pareilles opérations ; après qu'elles étaient achevées au désir du malade, je le voyais se calmer, répondre plus facilement à mes questions affectueuses, et m'assurer qu'il éprouvait du soulagement. Quelque bizarre que paraisse cette coutume, elle ne serait pas aussi généralement adoptée par ces peuples, si elle ne répondait point à la haute idée qu'ils en ont.

Des bords de la Rivière aux Poissons j'envoyai un de mes Hottentots reconnaître Koks-Kraal, c'est-à-dire le lieu du rendez-vous où j'étais convenu d'attendre mes députés ; il n'y avait que trois jours qu'ils étaient partis ; je ne devais pas espérer de les revoir de sitôt ; cette nouvelle retraite pouvait donc m'offrir un nouveau plan de vie, et c'est là que j'allais fonder pour quelque temps mon petit empire, si des nouvelles fâcheuses ou quelque malheur ne forçait pas mes députés à se replier sur moi ; cependant je n'avais pas de temps à perdre, et les précautions, toujours plus indispensables, dont toutes les circonstances me faisaient une loi très sévère, m'engageaient assez à me hâter. Sur le rapport de mon commissionnaire, je jugeai que nous camperions commodément dans Koks-Kraal, et le premier aspect de ce beau lieu ne trompa point mon attente. Je m'y rendis en trois heures. Nous trouvâmes une enceinte d'environ cinquante pieds en carré formée par une haie sèche de branches d'arbres et d'épines ; elle était un peu dégradée dans quelques endroits, mais sa restauration fut à peine l'ouvrage d'un jour. C'était, pour abriter nos bestiaux, une découverte d'autant plus heureuse que cette enceinte dominait presque tous les environs ; d'un côté l'on découvrait la rivière, dont nous n'étions éloignés que de trois ou quatre cents pas. Les bêtes féroces n'étaient pas l'objet de mes plus grandes inquiétudes ; je songeais davantage à me garantir des Cafres répandus dans le pays. Ne sachant point les démarches pacifiques que je tentais auprès d'un de leurs rois, et les Cafres n'ayant aucune connaissance de ma façon de penser sur leur compte, ils pouvaient venir à toute heure m'insulter et m'attaquer dans mon camp, et, ce que je redoutais le plus, c'était celui même entre les mains de qui j'avais remis les conditions de mon ambassade. Instruit par ses propres yeux du nombre des gens qui restaient avec moi, de mes forces comme de ma faiblesse ; instruit, par mes propres aveux, de mes résolutions et de la place assignée pour nous rejoindre, il était en son pouvoir ou de corrompre ceux de mes gens qui l'accompagnaient ou de les trahir et de les assassiner en chemin : qui l'empêchait alors de cacher sa marche et de venir, à la tête d'un parti nombreux, fondre inopinément sur moi ; et, par un de ces coups de main trop usités dans la guerre, m'effacer tout à coup de la liste des vivants ? Je ne cacherai point à mes lecteurs qu'avec le projet bien formé de vendre chèrement ma vie, mes terreurs augmentaient en proportion des soins que je prenais chaque jour pour ma défense ; mais à mesure que le moment du départ de ces envoyés s'éloignait, ma tête se tranquillisait un peu ; une longue absence diminuait le péril, et je finis par me familiariser avec ces tristes idées.

J'avais ordonné de dresser ma grande tente en dehors, à l'une des extrémités du parc ; je la fis entourer de cabanes postiches, pour donner le change à l'ennemi, comme on l'avait essayé au Klein-Vis-Rivier. A l'extrémité de ce parc opposée à ma tente, et dans un de ses angles, nous pratiquâmes une séparation pour mes chevaux, une autre pour mes moutons et chèvres ; près de là je plaçai ma petite tente, et je me proposais d'y coucher ; nous exhaussâmes tellement tout l'entourage du parc avec des arbres épineux, qu'il était impossible qu'aucun animal féroce pût le franchir ; par ce moyen mes troupeaux se trouvaient en sûreté dans ce carré d'environ quarante pas suffisamment libre et commode. Cette espèce de fort pouvait même, au besoin, me servir de retraite pour moi et les miens, et de là nous eussions bravé deux mille Cafres.

Ces arrangements satisfirent tous mes compagnons, encore plus inquiets que leur chef, et je les vis peu à peu reprendre leur gaieté naturelle. Nous ne négligions pas pour cela les accessoires d'usage ; aux approches de la nuit, à cinquante pas de chacune des faces du parc, nous faisions de grands feux pour écarter les lions et les hyènes ; nous en allumions d'autres encore auprès de nous, afin d'augmenter mes sûretés ; toutes ces dispositions réussirent à merveille ; je repris mes occupations ordinaires, et ne respirai plus que pour la chasse, qui là encore enrichit ma collection de beaucoup de sujets nouveaux et intéressants.

Nous étions aussi visités en plein jour par des

troupes considérables de *bawians*, singes de la même espèce que mon ami Keès ; ces animaux, étonnés de voir tant de monde, l'étaient encore plus de reconnaître un des leurs paisible au milieu de nous, et qui leur répondait en bon langage. Un jour, ils descendirent d'une colline que nous avions à côté de notre camp ; en moins d'une demi-heure, plus d'une centaine nous entourèrent avec curiosité ; ils répétaient sans cesse *Gou-a-cou, Gou-a-cou*. La voix de Keès les enhardissait. Il y en avait dans le nombre de beaucoup plus grands les uns que les autres, mais ils étaient tous de la même espèce ; ils se perdaient en démonstrations et gambades qu'on essayerait en vain de décrire. On se tromperait s'ils étaient jugés d'après ces singes abâtardis qui languissent en Europe dans l'esclavage, la crainte et l'ennui, ou périssent étouffés par les caresses de nos femmes, ou même empoisonnés par leurs bonbons. Le ciel épais de nos climats flétrit leur gaieté naturelle et les consume ; ce n'est plus qu'avec des coups de bâton qu'on les fait rire.

Mais une singularité que j'ai eu déjà l'occasion de remarquer fixait mon attention. Tout en reconnaissant ses semblables et leur répondant, Keès, que je tenais par la main, ne voulut jamais les approcher ; je le traînais vers eux ; et ces animaux, qui paraissaient simplement se tenir sur leurs gardes sans témoigner d'autre crainte, me voyaient arriver avec autant de tranquillité que Keès montrait d'agitation dans sa résistance. Tout d'un coup, il m'échappe, et court se cacher dans ma tente ; la crainte peut-être qu'ils ne l'entraînent avec eux était la cause de son effroi. Il m'était très attaché ; j'aime à lui faire honneur de ce sentiment ; les autres singes continuaient leurs agaceries, et semblaient s'efforcer de gambades et de cris pour s'amuser ; rassasié de leur tintamarre, et las de ce spectacle, je voulus m'en procurer un autre ; un coup de fusil eut bientôt mis tous mes chiens à leurs trousses ; ce fut un coup d'œil amusant de voir leur souplesse et leur légèreté dans la course : ils se dispersèrent, et, sautant de rocher en rocher, ils disparurent plus prompts que l'éclair.

Je n'étais pas éloigné de la rivière : un jour je vis près de là les pas fraîchement imprimés de deux hippopotames ; je suivis la trace, et reconnus aisément par quel endroit ils avaient regagné l'eau ; je prêtai l'oreille inutilement et n'entendis rien ; je ne pouvais gagner les bords de la rivière, tant ils étaient obstrués et garnis de roseaux et d'arbrisseaux ; ces hippopotames avaient toute facilité pour se tenir cachés et s'exempter de faire le plongeon ; l'heure du dîner approchait ; j'étais à jeun et fatigué ; des engoulevents et d'autres oiseaux m'avaient mené fort loin ; dans le moment où, pour rejoindre mon camp par le plus court chemin, je m'orientais et consultais le soleil, un coup de fusil tiré presque à mon oreille me fit tressaillir, et me causa d'autant plus d'épouvante que je m'y attendais moins ; ce coup ne pouvait venir que de quelqu'un de mes gens ; je courus vers le côté d'où je l'avais entendu partir, et je trouvai le plus mauvais de mes chasseurs en train de brûler ma poudre. Depuis la pointe du jour il guettait, me dit-il, un hippopotame, et venait de le tirer ; il ne doutait point que l'animal fût tué. Un coup heureux peut partir d'une main maladroite ; quoiqu'il fallût plus d'un gros quart d'heure pour voir l'animal remonter sur l'eau, je résolus de l'attendre moi-même, et j'envoyai mon Hottentot chercher du monde, en lui donnant commission de m'apporter quelque nourriture. Après une heure et demie d'impatience, mes gens arrivèrent ; mais l'hippopotame n'avait point encore reparu : le chasseur m'assurait cependant qu'après avoir tiré sur lui, il l'avait vu s'enfoncer dans l'eau, et qu'en même temps il avait remarqué beaucoup d'ébullition et plusieurs taches de sang à la surface ; il ajoutait que le courant étant très fort, l'animal avait pu dériver entre deux eaux, ce que je trouvai plus croyable : il partit donc dans l'espérance de le rencontrer plus bas ; moi je regagnai le camp pour y disséquer les oiseaux que j'avais tués.

Vers les trois heures après midi, nous fûmes assaillis par un orage terrible, et le tonnerre tomba plusieurs fois sur la forêt qui bordait la montagne. Un de mes gens revint avec une gazelle qu'il avait tuée, et celui qui avait tiré l'hippopotame arriva fort tard sans avoir rien vu ; on se moqua beaucoup de lui ; il fut l'objet des sarcasmes de mes beaux esprits ; chacun disait son mot : on voulait lui persuader que c'était sur un légouane qu'il avait lâché son coup de fusil (1). Les plaisanteries faisant insensiblement place aux injures, je vis l'instant où les épigrammes allaient se terminer par un noble combat à coup de poing ; je mis fin, par un mot, à leur verve bilieuse, et contraignis les orateurs au silence.

(1) Le légouane est une espèce de gros lézard commun dans les rivières d'Afrique.

Le 14, la pluie tomba toute la nuit avec une telle abondance, qu'elle éteignit nos feux sans qu'il fût possible de les rallumer. Nos chiens faisaient un vacarme affreux qui nous tint tous éveillés; cependant nous ne vîmes aucun animal féroce. J'ai observé que, dans ces nuits pluvieuses, le lion, le tigre et l'hyène ne se font jamais entendre; c'est alors que le danger redouble; car, comme ces animaux ne cessent pas pour cela de rôder, ils tombent sur leur proie sans être annoncés et sans qu'on ait le temps de les prévenir. Ce qui ajoute encore à l'effroi que devrait causer cette circonstance fâcheuse, c'est que l'humidité ôtant le nez aux chiens leur secours est presque nul; mes gens n'étaient que trop instruits de ce danger: lorsque la pluie éteignait nos feux pendant la nuit, ils avaient beaucoup de peine à prendre sur eux de les rallumer, tant ils craignaient les surprises.

Il faut convenir que les nuits orageuses des déserts d'Afrique sont l'image de la désolation, et qu'on se sent involontairement frappé de terreur. Quand ces déluges vous surprennent, ils ont bientôt traversé, inondé une tente et des nattes; une suite continuelle d'éclairs fait éprouver vingt fois dans une minute le passage subit et précipité d'un jour effrayant à l'obscurité la plus profonde; les coups assourdissants du tonnerre qui éclate de toutes parts avec un fracas horrible, s'entre-choquent, se multiplient, renvoyés de montagnes en montagnes; le hurlement des animaux domestiques, quelques intervalles d'un silence affreux, tout concourt à rendre ces moments plus lugubres. Le danger des attaques de la part des bêtes féroces ajoute encore à la terreur commune : il n'y a que le jour pour diminuer l'effroi et rendre le calme à la nature.

Il survint, mais triste encore et chargé de nuages; la pluie redoublait par intervalles. N'étant point disposé à sortir, je m'occupai à faire la revue des oiseaux de ma collection nouvellement préparés. J'en avais suffisamment pour en remplir une caisse. Je la fis avec beaucoup de soin, et la calfeutrai selon ma coutume, pour empêcher les insectes d'y pénétrer. La récapitulation générale, tant de ceux que je possédais actuellement que des envois précédents que j'avais faits du pays d'Auteniquois, passait déjà sept cents pièces.

Vers les quatre heures du soir, le ciel s'épura et vint ranimer fort à propos nos courages abattus. Nous reprîmes nos exercices accoutumés. Je m'amusai à faire tirer au blanc ; c'était un grand plaisir pour mes Hottentots; j'avais soin de le leur procurer de temps en temps : il les tenait en haleine, et j'avais remarqué qu'à dater des commencements du voyage, leur assurance avait augmenté en proportion de leur adresse ; ils recevaient de moi, comme une faveur, ce que je ne leur accordais que dans la vue politique d'une plus grande sécurité pour ma caravane. Le prix était ordinairement une ration de tabac ; une bouteille accrochée à un rocher servait de but ; la condition était de la casser à deux cent cinquante pas. Ce fut un nommé Pit qui, ce jour-là, au cinquante-quatrième coup, remporta le prix ; il le partagea généreusement à tous ceux qui avaient concouru avec lui. Les balles n'étaient point perdues pour cela ; on les retrouvait toujours presque toutes au pied de la roche ; il n'en coûtait que la façon de la refonte.

Le coucher du soleil nous promit du beau temps pour le lendemain, et je formai le dessein de faire sérieusement la chasse aux hippopotames. J'envoyai plusieurs hommes à la découverte le long de la rivière ; nous nettoyâmes toutes nos armes à feu ; nous fondîmes des balles, de gros calibre, dans lesquelles je mettais, suivant l'usage d'Afrique, un huitième d'étain : les balles par ce moyen, sont d'une plus grande résistance ; elles pénètrent mieux parce qu'elles ne s'aplatissent point sur les os : elles seraient d'un effet encore plus certain s'il était possible de n'en employer que d'étain pur ; mais devenues plus légères, elles ne porteraient pas si loin et ne toucheraient jamais si juste. Après que les feux pour la nuit furent allumés, ce qui ne se fit pas facilement parce que la terre était humide et le bois fort mouillé, je régalai mes gens avec du thé ; je suis persuadé que, sur une once, ils firent passer au moins cinquante pintes d'eau bouillante.

Cette soirée fut une des plus amusantes que j'eusse encore passées. Toujours même quolibets, mêmes contes plaisants de la part de ces bonnes gens qui, tous assis en rond autour d'un grand feu, s'évertuaient pour amuser leur maître ; et, jaloux de fixer son attention et de lui donner des preuves d'attachement et de cordialité, lui faisaient aisément oublier quel chef-d'œuvre on couronnait ce jour-là dans une telle académie ; certes, mon lycée valait bien son pareil. Il fut surtout question des prouesses du lendemain à la chasse des hippopotames ; tout le monde espérait se trouver de la fête ; j'eus beaucoup de peine à arranger cette partie de façon que chacun fût content; je voulais que quelques chasseurs se distribuassent dans la campagne pour tirer des gazelles, sur lesquelles je faisais plus de fond pour notre cuisine que sur les hippopotames, attendu que la rivière avait ses bords si couverts de roseaux et de grands arbres, qu'il me paraissait toujours plus difficile de les découvrir et de les approcher. Cependant la nuit avançait, et je ne voyais point arriver les chasseurs que j'avais envoyés à la découverte; je fis tirer trois coups de mon gros calibre; il se passa presque une demi-heure sans qu'on nous répondît; à la fin nous distinguâmes, à quatre ou cinq minutes d'intervalle, trois coups qui nous firent juger qu'ils étaient peut-être adressés à des hippopotames; un quart d'heure après, nous entendîmes encore trois autres coups; mais le son ne nous parut pas venir de si loin que les premiers; enfin, d'intervalles en intervalles, toujours mêmes décharges, et toujours plus rapprochées de nous; ce qui nous persuada que ces malheureux fuyaient la poursuite de quelques bêtes féroces. J'allais voler à leur rencontre; ils parurent effarés et tremblants. Ils n'avaient cependant rien aperçu; mais, à l'inquiétude des deux chiens qu'ils avaient emmenés avec eux, il était trop clair que des lions marchandaient leur vie, et qu'ils avaient eu tout à craindre dans leur chasse. Les chiens comme on va le voir, ne les avaient point trompés : j'appris d'eux encore qu'ils avaient ouï le grognement de quelques hippopotames au-dessus de l'endroit où ils s'étaient embusqués; ce rapport fortifia mes espérances; mais nous avions grand besoin de

Je prenais plaisir à les persifler. (Page 83.)

repos : je rentrai dans ma tente. Je n'étais pas encore endormi à onze heures et demie : tout à coup le rugissement d'un lion, qui n'était qu'à cinquante pas de nous, frappe mon oreille ; il se faisait entendre d'un autre lion qui paraissait d'abord lui répondre de fort loin ; mais dans un quart d'heure celui-ci le vint joindre, et tous deux se mirent à rôder près du camp ; nous fîmes une patrouille si hardie et si prompte, et nous tirâmes à la fois tant de coups de fusil, que nos décharges les intimidèrent et les forcèrent à gagner tout à fait le large. Nous ne doutâmes plus que ce ne fussent les mêmes qui avaient suivi nos chasseurs. Pour cette fois, ils devaient leur salut aux chiens qu'ils avaient emmenés. Avertis par eux du danger qui les menaçait, les coups de détresse qui s'adressaient à nous avaient suffi pour tenir l'ennemi en respect.

On ne saurait exprimer à quel point les chiens les plus hardis tremblent à l'approche du lion.

Rien n'est si facile pendant la nuit que de deviner à leur contenance quelle est l'espèce d'animal féroce qui se trouve dans le voisinage. Si c'est un lion, le chien, sans bouger de place, commence à hurler tristement. Il éprouve un malaise et la plus étrange inquiétude ; il s'approche de l'homme, le serre, le caresse ; il semble lui dire : « Tu me défendras ! » Les autres animaux domestiques ne sont pas moins agités : tous se lèvent ; rien ne reste couché ; les bœufs poussent à demi-voix des mugissements plaintifs ; les chevaux frappent la terre et se retournent en tous sens ; les chèvres ont leurs signes pour exprimer leur frayeur ; les moutons, tête baissée, se rassemblent et se pressent les uns contre les autres; ils n'offrent plus qu'une masse et demeurent dans une immobilité totale. L'homme seul fier et confiant, saisit ses armes, palpite d'impatience et soupire après sa victime.

Dans ces occasions, l'épouvante de Keès était la plus marquée ; autant effrayé des coups de fusil que nous tirions que de l'approche du lion, le moindre mouvement le faisait tressaillir ; il se plaignait comme un malade, et se traînait à mes côtés dans une langueur mortelle. Mon coq me paraissait seulement étonné de toute cette agitation convulsive de mon camp ; un simple épervier l'eût jeté dans la consternation. Il craignait plus l'odeur d'une belette que tous les lions réunis de l'Afrique : c'est ainsi que chaque être a son ennemi qui le défie, et celui-ci fléchit à son tour devant un plus fort. L'homme seul brave tout, si ce n'est son semblable, son plus cruel ennemi.

Je reviens aux différences par lesquelles le danger s'annonce ; on croira sans peine qu'aucun autre n'a été à portée d'en mieux apprécier les détails ; et tous les livres et les compilations, et toute l'éloquence spéculative, ne sauraient prévaloir contre des observatious pratiques tant de fois répétées sur le grand théâtre des déserts d'Afrique.

Si c'est une hyène qui parcourt le voisinage du camp, le chien le plus hardi la poursuit jusqu'à une certaine distance, et ne paraît pas la craindre infiniment ; les bœufs, habitués au voyage et qui se sentent forts de la présence de l'homme, restent couchés sans témoigner de crainte ; mais, s'il se trouve dans le nombre quelques jeunes bêtes inaccoutumées qui entendent cet animal dangereux pour la première fois, saisies de frayeur elles cherchent à s'échapper de l'enceinte, et deviennent par là bientôt la proie du féroce glouton, qui, toujours aux aguets, saute sur sa victime au moment où elle croit lui échapper. Enfin, l'hyène n'est à craindre que pour les animaux qui, au lieu de se défendre, cherchent leur salut dans la fuite. Cela est si vrai qu'un cheval ayant le pied attaché à son licou, comme le pratiquent les colons du Cap, pour l'empêcher de s'éloigner de la pâture, obligé de se défendre, ne pouvant fuir, devient bien rarement la proie d'une seule hyène. Il est donc prudent d'attacher pendant la nuit, dans l'intérieur du camp, les jeunes bêtes craintives, afin de les empêcher de s'évader et de sortir des enceintes.

Si ce sont des chacals, les chiens les poursuivent avec vigueur le plus loin possible, à moins que, pour le salut de ceux-là, il ne se trouve dans les environs des hyènes ou des lions; car dès qu'ils en ont connaissance, la peur force les plus lâches à rebrousser chemin et les ramène bientôt au gîte.

Les Hottentots prétendent que le chacal est l'espion des autres bêtes féroces ; qu'il vient agacer et défier les chiens pour s'en faire suivre, afin que le lion ou l'hyène, saisissant leur avantage, puissent plus facilement s'emparer de leur proie qu'ils partagent amicalement avec lui, en reconnaissance du service qu'ils en ont reçu.

Ce que j'ai vu vient assez à l'appui de cette assertion, peut-être un peu exagérée; il est certain, quoiqu'il en soit, que du moment où les chacals commencent leurs concerts, on ne tarde pas à entendre arriver les hyènes ; elles ne se montrent cependant à découvert que lorsqu'elles voient les chiens bien engagés. Nous en gardions toujours deux à l'attache pour aboyer en l'absence des autres, afin d'empêcher que l'hyène, qui craint le feu moins que le lion, ne nous approchât de trop près.

Le lendemain, 15 du mois, à peine faisait-il jour que nous étions tous sur pied. Après le déjeuner, je fis partir trois chasseurs pour le bois et pour la plaine, avec ordre de chercher des buffles, des gazelles de parade, des gnous et des coudoux ; d'une autre part, je pris avec moi quatre des meilleurs tireurs, et trois hommes pour porter ma grosse carabine, les munitions et quelques pièces de viande séchée, dans le cas où nous serions obligés de passer toute la journée en campagne ; et laissant le vieux Swanepoël avec le reste de mon monde à la garde du camp, nous partîmes.

En côtoyant la rivière, nous nous approchions de son bord autant qu'il nous était possible, et dans le plus grand silence ; nous marchâmes ainsi trois bonnes heures sans avoir rien découvert. Enfin nous reconnûmes le pas d'un hippopotame qui devait avoir passé là pendant la nuit ; nous suivîmes cette trace l'espace d'une heure et demie ; elle nous conduisit à l'endroit où l'animal s'était jeté à l'eau : à l'instant nous nous distribuâmes le long du bord, à quelque distance les uns des autres, pour prêter l'oreille. Il partit un coup de fusil de celui de mes gens qui était le plus éloigné ; nous courûmes à lui ; il avait vu et tiré l'animal, mais il l'avait manqué. Heureusement nous n'attendîmes pas longtemps sans le voir reparaître et l'entendre respirer ; toute sa tête était hors de l'eau; mais il avait gagné vers la rive opposée.

La rivière était fort large; deux de mes gens se mirent à la nage, et la traversèrent dans l'espoir de forcer l'animal à tenir au moins le milieu s'ils ne pouvaient l'amener à notre portée. Cette épreuve réussit complètement; mais l'hippopotame montrait tant de défiance qu'à peine pour respirer sortait-il le bout du nez hors de l'eau; changeant de place à tout instant, il ne se remontrait jamais dans l'endroit où nous l'attendions; il replongeait si souvent et si vite qu'il ne nous donnait pas même le temps de l'ajuster. Dèjà nous avions tiré une trentaine de coups sans qu'aucun l'eût atteint; les deux Hottentots qui avaient passé la rivière n'avaient point de fusil; l'animal rusé qui remarquait qu'on ne tirait point de leur côté, s'y tenait de préférence; je fis partir Pit, celui de mes chasseurs qui en dernier lieu venait de remporter le prix au blanc; je lui commandai de passer la rivière hors de la vue de l'animal, de faire un détour pour rejoindre ses deux camarades, et surtout de ne point tirer sans être sûr de son coup; il exécuta mes ordres avec beaucoup d'intelligence; l'animal qui, de l'autre bord, se sentant hors de notre portée, n'avait point de défiance, levait quelquefois sa tête presque entière hors de l'eau; dans un de ces moments Pit l'ajusta si bien, que l'hippopotame, en recevant le coup, replongea. Il était bien touché; j'en étais certain; il reparut en effet bientôt, sortant la plus grande partie de son corps, et se débattant convulsivement; c'est alors que je lui envoyait une balle dans la poitrine; il s'enfonça de nouveau, et ne reparut que longtemps après : il était mort et dérivait au courant; nos nageurs allèrent à lui et le poussèrent de notre côté jusqu'au bord du rivage.

Je ne peindrai point la joie commune, lorsque nous vîmes enfin ce monstrueux animal en notre possession; mais mon monde et moi avions nos motifs qui ne se ressemblaient guère. La gourmandise le présentait aux yeux de mes gens comme un friand morceau dont ils allaient se gorger, tandis que la curiosité l'offrait à mon esprit comme un objet intéressant d'histoire naturelle que je ne connaissais encore que par les livres et les gravures.

Les jambes de ce quadrupède, fort courtes proportionnellement à son volume, nous favorisaient d'autant mieux que nous pouvions le rouler à terre, comme nous aurions fait un foudre d'Allemagne. L'animal était tout aussi rond; je ne pouvais me lasser d'admirer et d'examiner dans les plus grands détails cette énorme masse. C'était une femelle; la balle de Pit l'avait atteinte précisément au-dessous de l'œil gauche, et se trouvait implantée dans la mâchoire; je doutais fort qu'elle fût morte de ce coup; ma balle au contraire, entrée précisément au défaut de l'omoplate, lui avait cassé une côte et traversait le poumon de part en part.

Elle avait, depuis le mufle jusqu'à la naissance de la queue, dix pieds sept pouces de longueur, sur huit pieds onze pouces de circonférence; ses défenses arquées ne portaient que cinq pouces de long sur un pouce de diamètre dans la partie la plus épaisse; ce qui me faisait juger qu'elle était encore jeune; elle n'avait dans l'estomac que des feuilles et quelques roseaux mal broyés; j'y vis même des morceaux de branches de la grosseur d'une plume à écrire, qui n'étaient qu'aplatis : généralement, soit dans l'estomac, soit dans les déjections, on remarque que les grands animaux, comme éléphant, rhinocéros, ne triturent que fort légèrement les différentes nourritures qu'ils prennent.

Je fis partir un Hottentot pour le camp, afin d'amener le lendemain deux forts attelages de bœufs, pour transporter notre chasse; le jour avait entièrement disparu; nous choisîmes le dessous d'un gros arbre pour y passer la nuit; nous n'étions pas éloignés du bord de l'eau; parce que n'ayant pu rouler notre animal plus loin, et ne voulant pas l'abandonner au hasard d'être dévoré par les bêtes carnassières, nous nous voyions forcés de le garder à vue; nous étions environnés et couverts de beaucoup d'arbres, ce qui rendait notre position plus critique ; nous pouvions être aisément surpris ; mais au moyen des feux extraordinaires que nous allumâmes, et d'une vingtaine de coups de fusil qui furent tirés par intervalles, nous eûmes une nuit fort tranquille. Il ne nous fut cependant pas possible de dormir; attirés par le voisinage de l'eau et la fraîcheur de l'emplacement que nous occupions, des myriades de cousins nous dévoraient; un de mes Hottentots qui s'était endormi avait tellement été piqué, que son visage démesurément enflé le rendait méconnaissable.

J'avais eu soin de faire couper un pied de l'hippopotame qu'on m'accommoda comme on avait fait, environ cinq mois avant, celui du premier éléphant que j'avais tué avant de traverser la montagne

Duyvels-Kop, pour passer du pays d'Auteniquois dans celui de l'Ange-Kloof.

J'eus toutes les peines du monde pour mettre mes gens à l'ouvrage ; ils avaient passé toute la nuit à se bourrer d'hippopotame ; je les avais vus faire cuire des émincées d'un pied de large et de deux ou trois de longueur ; ils ne se sentaient d'autre besoin que celui de dormir.

On me servit pour le déjeuner le pied qu'on m'avait fait cuire pendant la nuit ; il était succulent ; je le crois supérieur à celui de l'éléphant. Il est plus délicat, et jamais je n'ai rien mangé qui m'ait fait plus de plaisir.

Quoique l'hippopotame soit extrêmement gras, sa graisse n'a rien de dégoûtant, et ne produit point les mauvais effets de celle des autres animaux ; mes gens la faisaient fondre et la buvaient par écuelles comme on avale un bouillon ; ils s'en étaient outre cela si bien frottés, qu'on eût dit qu'on les avait vernissés tant ils étaient luisants, et leurs ventres tendus montraient assez que le repas de la nuit n'avait point été frugal.

J'avais oublié de demander un cheval pour moi, Swanepoël y avait pensé : la chaleur était excessive ; six grandes lieues nous séparaient du gîte ; je fis attacher l'hippopotame par la tête à une forte chaîne, et l'on y attela douze bœufs. Tant que nous longeâmes la rivière, ils éprouvèrent beaucoup de peine et de fatigue, soit par l'inégalité du chemin, soit par les tronc d'arbres qui gênaient à tous moments le passage ; mais une fois arrivés sur la plaine couverte d'herbes assez hautes, je fis changer les relais ; et, voyant qu'ils allaient assez rondement, je montai à cheval pour gagner le devant. Jager, mon chien favori, qui ne me quittait jamais, et me suivait à la chasse et dans toutes mes courses, fut obligé, pour cette fois, de rester en arrière, ne pouvant se traîner; il avait imité mes Hottentots, et n'arriva qu'avec eux vers les cinq heures du soir.

V.

Le 18, nous passâmes une partie de la nuit à faire le coup de fusil, pour écarter les deux lions et la troupe vorace des hyènes. Je ne m'endormis que fort tard; à mon réveil, quelle fut ma surprise de me voir entouré au milieu de mon camp d'une vingtaine de sauvages gonaquois? Cette visite et ses suites méritent de plus amples détails. Le lecteur, dans ce simple récit, puisera plus de vérités sur l'état positif d'un sauvage d'Afrique que dans tous les discours des philosophes.

Le chef s'approcha pour me faire son compliment; les femmes, dans toute leur parure, marchaient derrière lui : elles étaient luisantes et fraîchement *boughouées;* c'est-à-dire qu'après s'être frottées avec de la graisse, elles s'étaient saupoudrées d'une poussière rouge qu'elles font avec une racine nommée dans le pays *boughou*, et qui porte une odeur assez agréable. Elles avaient toutes le visage peint de différentes manières; chacune d'elles me fit un petit présent. L'une me donna des œufs d'autruche ; une autre, un jeune agneau ; d'autres m'offrirent une abondante provision de lait dans des paniers qui me paraissaient être d'osier. Ce dernier cadeau m'étonna. « Du lait dans des paniers ! me disais-je ; voilà une invention qui annonce bien de l'industrie ! » Et, me rappelant ces pots au lait de cuivre dont on se servait autrefois à Paris, avant que la sagesse de la police les eût à jamais proscrits, je vis, en les comparant avec les vases si propres qui m'étaient présentés, combien un grand peuple avec ses arts, ses grands hommes et son Louvre, est souvent loin, pour les besoins les plus simples, des peuples qu'il méprise !

Ces jolis paniers se fabriquent avec des roseaux ou des racines si déliées, et d'une texture si serrée, qu'ils peuvent servir même à porter de l'eau ; ils m'ont été pour cet usage d'une grande ressource dans la suite. Le chef des Gonaquois m'apprit qu'ils étaient l'ouvrage des Cafres, avec lesquels ils les échangent contre d'autres objets.

Ce chef se nommait *Haabas;* il me fit présent d'une poignée de plumes d'autruche du choix le plus rare. Pour lui montrer le cas que je faisais de son présent, je détachai sur-le-champ le panache de la même espèce que je portais à mon chapeau, et je mis le sien à la place ; je remarquai dans les traits du bon vieillard toute la satisfaction qu'il en ressentait ; il me témoigna par ses gestes et ses paroles combien il était enchanté de mon action.

Mon tour vint de prouver à ce chef ma reconnaissance : je commençai par lui faire donner quelques livres de tabac. J'allais me procurer, à peu de frais, une scène délicieuse et faire plus d'un heu-

heux ; d'un simple signe, Haabas fit approcher tout son monde ; dans un clin d'œil, ils formèrent un cercle et s'accroupirent comme des singes ; tout le tabac fut distribué, et je remarquai, avec beaucoup de plaisir, que la portion que s'était réservée Haabas égalait tout au plus celle des autres. Je me sentis touché de cette bonhomie et de l'esprit d'équité que je voyais briller en lui d'une façon si naïve et si simple; j'ajoutai au présent que je venais de lui faire, pour lui personnellement, un couteau, un briquet, une boîte d'amadou et un collier de très gros grains de verroterie. Je donnai aux femmes des colliers et du fil de cuivre pour des bracelets ; au milieu de ces offrandes réciproques et des sentiments affectueux qu'elles nous inspiraient mutuellement, je remarquai une jeune fille de seize ans : confondue dans la foule, elle montrait moins d'empressement à partager les joyaux que je distribuais à ses compagnes que de curiosité pour ma personne ; elle m'examinait avec une attention si marquée, que je m'approchai pour lui donner tout le temps de me considérer à son aise ; je lui trouvai la figure charmante ; elle avait les plus fraîches et les plus belles dents du monde ; sa taille élégante et svelte et les formes de son corps auraient servi le pinceau d'Albane. C'était la plus jeune des Grâces sous la figure d'une Hottentote.

Les impressions de la beauté sont universelles ; c'est une souveraine dont l'empire est partout; ma jeune sauvage se fut bientôt accoutumée à moi ; je venais de lui donner une ceinture, des bracelets, un collier de petits grains blancs, qui la paraient à ravir; je détachai de mon cou un mouchoir rouge, dont elle s'enveloppa la tête; dans cet accoutrement, elle était ce qu'en langage précieux on dirait délicieuse. Je me faisais un plaisir de la parer moi-même. Quand sa toilette fut achevée, elle me demanda quelques bijoux pour sa sœur, qui était restée à la horde; elle montra du doigt sa mère, et m'apprit qu'elle n'avait plus de père; je la fatiguais de questions, tant je trouvais de charme dans ses réponses. Rien n'égalait le plaisir que j'avais à la voir, si ce n'était celui que je prenais à l'entendre; je lui demandai de rester avec moi, et je lui fis toutes sortes de promesses; mais quand je lui parlai surtout de l'emmener dans mon pays où toutes les femmes sont des reines et commandent à des hordes puissantes d'esclaves, loin de se laisser tenter, elle rejeta bien loin mes propositions, et se livra sans façon à quelques mouvements d'impatience et d'humeur. Un monarque n'eût pas vaincu sa résistance et le chagrin que lui causait la seule idée d'abandonner sa famille et sa horde. Je finis par la prier de m'amener du moins sa sœur, qui aurait lieu d'être satisfaite à son tour. Elle me le promit. Dans ce moment, ses yeux se fixèrent sur une chaise placée non loin de moi. Elle me montra un couteau que j'y avais laissé par hasard; je m'empressai de le lui offrir; elle le remit sur-le-champ à sa mère.

Elle était sans cesse occupée de ses atours, nouveaux pour elle; elle touchait ses bras, ses pieds, son collier, sa ceinture, passait vingt fois la main sur sa tête pour y toucher et reconnaître son mouchoir, qui lui plaisait beaucoup; j'ouvris mon nécessaire, et j'en tirai le miroir, que je mis devant elle; elle s'y regarda attentivement, et avec complaisance; elle montrait assez, par ses gestes et ses attitudes variées, combien elle était satisfaite, je ne dis pas de sa figure, mais de ses ajustements, qui lui faisaient une impression toujours plus vive. Lors de sa toilette du matin et du départ de la horde pour me venir voir, elle s'était frotté les joues avec de la graisse et de la suie; je les lui fis laver et bien essuyer, mais je ne pus jamais lui persuader que les secours de son art nuisaient à la nature, qui l'avait créée très jolie. Quelque adresse que je misse dans mes raisonnements, quel que fût l'effet de sa complaisance à rendre à ses joues fraîches ce tendre velouté de la jeunesse si fugitif et si léger, elle tenait à son vilain noir graisseux avec autant d'entêtement qu'en nos climats on tient au rouge, à toutes ces pâtes non moins dégoûtantes, si elles ne sont pas plus funestes.

Ma belle élève me pria de lui laisser mon miroir, et j'y consentis; elle profitait à merveille de la faveur qu'elle s'était doucement acquise pour me demander tout ce qui lui faisait plaisir; je me laissais toujours entraîner; cependant je fus contraint de lui refuser plusieurs effets, autant par le besoin indispensable que j'en avais que dans la crainte qu'elle n'en fît un usage dangereux pour elle-même. Mes boucles de jarretière l'avaient aussi tentée; le brillant des cailloux du Rhin parlait à ses yeux. J'aurais été charmé de lui en faire hommage. Combien ne désirai-je pas en ce moment les plus misérables attaches de fer pour remplacer ce meuble d'un luxe d'ailleurs fort inutile! Malheureusement c'était la seule paire que je possédasse; je lui fis comprendre que ces boucles m'étaient absolument nécessaires; de ce moment, il n'en fut plus question. Elle avait le bon esprit de n'être affectée d'aucun de mes refus ; il suffisait que j'eusse une fois dit non, pour qu'elle changeât d'objet.

Je trouvais son nom difficile à prononcer, désagréable à l'oreille, et très insignifiant pour mon esprit ; je la baptisai, et la nommai *Narina*, qui signifie *fleur* en langage hottentot ; je la priai de conserver ce beau nom, qui lui convenait à mille égards ; elle me promit de le porter tant qu'elle vivrait, comme un souvenir de mon passage dans son pays.

J'avais fait tuer un mouton et cuire des quartiers de gazelle pour régaler nos hôtes ; ils se livrèrent à tous les accès de la gaieté. Tout le monde dansa. Mes Hottentots, en hommes polis et galants, régalèrent de leur musique les sauvages; les virtuoses firent entendre le goura, le jnoum-jnoum, le rabouquin ; l'heureuse guimbarde ne fut point oubliée; cet instrument nouveau produisit sur les assistants la plus vive sensation; Narina, comme toutes les jolies femmes, qui ne doutent de rien, voulut l'essayer ; mais, comme toutes les jolies femmes, bientôt impatientée de la leçon, elle jeta loin d'elle l'instrument, qu'elle trouva détestable.

Toute cette journée se passa en fêtes, en folies ; mes gens distribuèrent leur ration d'eau-de-vie, indépendamment de celle que je leur avais fait particulièrement donner ; je vis avec plaisir que Narina n'en pouvait boire : cette sobriété redoubla l'intérêt qu'elle m'avait inspiré; je déteste cette liqueur, et m'étonne comment nos femmes bravent ainsi par gentillesse le plus dégoûtant des poisons.

Je songeai à faire ramasser de bonne heure le bois nécessaire pour nos feux; cette opération ne fut pas longue; les Gonaquois se mirent de la partie, et firent une ample provision pour eux-mêmes; car je leur avais permis de rester jusqu'au lendemain, et leur avais assigné pour passer la nuit une place éloignée de mon camp.

Le soir, lorsque ces feux furent allumés, je régalai mon monde avec du thé et du café; Narina prenait goût au thé, mais la couleur du café lui donnait de l'aversion pour cette liqueur; je mis la main sur ses yeux, et lui en fis avaler une demi-tasse; elle la trouva bonne, mais elle retournait de préférence au thé; elle y revenait même fort souvent; c'était de sa part une finesse dont je feignais de ne m'être pas aperçu et qui m'amusait beaucoup; je suis persuadé que cette boisson ne flattait pas infiniment son goût; mais elle se dépêchait de l'avaler pour arriver, dans le fond de la tasse, au morceau de sucre candi qu'elle m'avait vu y jeter. Après ce goûter frugal et les scènes piquantes qu'il me procurait, on se remit à la danse, et vers minuit le besoin du repos fit cesser les plaisirs.

Depuis quelque temps je couchais dans mon chariot pour éviter l'humidité des nuits; je fis au chef des Gonaquois la politesse de le garder dans mon camp.

Narina s'en alla avec sa mère et ses compagnes.

Je détachai deux de mes gens armés pour passer la nuit auprès de ces Gonaquois et les défendre contre l'approche des animaux carnassiers.

J'eus beaucoup de peine à m'endormir; tout ce qui venait de se passer depuis l'arrivée de ces sau-

Ensuite je pris à part le vénérable Haabas. (Page 89.)

vages se retraçait à mon imagination sous des couleurs si bizarres et si nouvelles ; ce que j'apprenais du caractère et des mœurs de ces peuples, comparé aux relations fades et ridicules de nos romanciers voyageurs, me semblait si pur, si simple et si touchant ; mes conversations particulières avec Haabas, avec Narina, m'avaient si vivement intéressé, que je maudissais jusqu'aux rapides instants enlevés à ces scènes animées et regrettais de n'en pas voir se prolonger le cours.

A mon réveil j'allai visiter le camp de mes Gonaquois ; l'aurore commençait à peine à briller ; roulés en peloton sous leurs manteaux, ils étaient tous plongés dans le plus profond sommeil ; Narina était avec sa mère, sur une natte que je leur avais fait donner pour les garantir de l'humidité. Les sept autres femmes, entassées les unes près des autres, formaient un groupe plaisant : on ne voyait ni pieds ni têtes ; tout était caché sous la couverture ; je leur souhaitai le bonjour par un coup de fusil lâché à leurs oreilles ; je vis aussitôt toutes ces têtes effrayées sortir de dessous leurs kros et m'offrir le plus comique des tableaux ; cependant quelques-uns des dormeurs ne se réveillèrent point, ce qui ne doit pas surprendre ; car le sommeil pour les Hottentots est voisin de la léthargie.

Je les laissai reprendre à leur aise l'usage de leurs sens, et j'allai côtoyer la rivière pour tirer quelques oiseaux avant que la chaleur se fît sentir.

Après avoir déposé le produit de ma chasse dans ma tente, je retournai au camp de mes hôtes ; je n'y trouvai que les hommes ; toutes les femmes avaient disparu : on m'apprit qu'elles venaient de partir pour se baigner. Curieux de savoir si ces jeunes sauvages avaient les sentiments de décence que des voyageurs leur ont refusés dans leurs récits, je gagnai la rivière ; je ne perdis pas beaucoup de temps à les chercher ; leurs voix et leurs éclats de rire m'eurent bientôt mis sur la piste ; je me glissai doucement entre les arbres et les broussailles, et j'arrivai tout près du bord sans être aperçu ; elles nageaient toutes, folâtrant au milieu des eaux, et plongeant avec une adresse merveilleuse.

Lorsque j'eus examiné mes baigneuses à loisir, un coup de fusil que je tirai en me présentant à elles fit cesser leurs jeux. Toutes en même temps s'enfoncèrent dans l'eau, et ne montrèrent plus que le bout du nez ; je m'étais assis sur leurs habillements entassés ; je prenais plaisir à les persifler, en leur faisant voir l'un après l'autre leurs petits tabliers, et les invitant à venir les chercher ; la mère de Narina riait aux éclats de l'embarras de ses compagnes ainsi prises au dépourvu. Elle était sortie de l'eau plus tôt que les autres, et se reposait sous un arbre en les attendant : elles me supplièrent longtemps de m'éloigner ; ce fut en vain. Il ne leur restait qu'un parti qu'elles saisirent avec une adresse dont je fus étonné ; elles connaissaient tout l'ascendant qu'avait sur moi la belle Narina. Sa mère lui lança son tablier et son kros ; elle s'habilla dans l'eau, et vint bientôt à moi, de l'air le plus ingénu, me conjurer de me retirer quelques moments à l'écart pour donner le temps à ces femmes de reprendre leurs vêtements ; je feignis d'y mettre un peu de résistance ; mais, me prenant par la main, Narina réussit à m'entraîner avec elle jusqu'à ce qu'étant hors de vue elle put crier à ses compagnes qu'elles pouvaient sortir de l'eau et s'habiller.

Cependant nous cheminions vers ma tente. Narina folâtrait avec moi comme elle l'eût fait avec son frère, ses parents, ses compagnes; elle me plaisantait à sa manière, me tourmentait d'une façon très piquante, tantôt luttant de force avec moi pour se débarrasser de mes bras, tantôt franchissant, pour me fuir, les taillis, les ravines, les plus larges fossés; jeune et vigoureux alors, depuis longtemps rompu aux travaux les plus pénibles, et menant une vie plus dure mille fois que ces sauvages même, j'eusse défié nos Hercules d'Europe; mais soit que l'habitude et un reste de galanterie me fissent une loi de n'employer envers la jeune Narina que la moitié de mes forces, soit qu'en effet elle eût plus d'adresse et les mouvements plus souples, elle m'aurait contraint à lui demander grâce, et je pliais sous ses efforts; mais surtout lorsque, échappée à mes agaceries et mettant entre nous un peu d'intervalle, elle me défiait à la course et venait à s'élancer, avec quelle vitesse elle parcourait les chemins, et par cent détours revenait se cacher à la lisière du bois et me surprenait au passage!

Différents oiseaux que je voyais voltiger dans la forêt me forçaient à tous moments d'y rentrer : c'était le seul moyen qui me restât d'apaiser les fougues de ma jeune sauvage; rien n'égalait le plaisir qu'elle éprouvait à me voir tirer des coups de fusil; je ne les lui épargnais pas; et dans cette seule course j'abattis une vingtaine d'oiseaux. Je n'avais point amené de chien ; Narina en faisait aisément l'office, saisissant admirablement bien les pièces qui n'étaient que blessées. Cependant je commençais à perdre de vue mon camp, et m'étais laissé entraîner un peu loin. Tous ces jeux et les espiègleries de ma jeune compagne parvinrent enfin à m'égarer, et ne cessèrent que lorsqu'elle m'eut donné tout naturellement une bonne leçon et la meilleure réponse au tour si plaisant que je venais de lui jouer, il n'y avait qu'un moment, aux bords de la rivière. Nous venions de rejoindre son cours qui me conduisait infailliblement à mon camp; un héron que je venais de tirer s'était abattu sur les bords de la rivière; entraîné par le courant, il gagnait le milieu et allait m'échapper; j'en eusse été d'autant plus désolé qu'un de ses pareils, que j'avais eu beaucoup de peine à me procurer, avait été un jour par la négligence d'un de mes gens cruellement endommagé dans ma tente. Déjà j'étais à mi-corps dans la rivière; mais, embarrassé dans les herbes qui croissent sur les bords, je répugnais à me laisser entraîner plus avant; Narina, qui s'aperçut de mon embarras, et me voyait m'y prendre assez gauchement pour courir après mon oiseau, s'étonna que je craignisse si fort de me mettre au large; en un clin d'œil elle s'élance à la nage; je rejoins la terre que je venais de quitter; mais la cruelle, tenant mon oiseau à la main, m'appelle et m'invite à le venir chercher; après cent débats et les plus vives instances, loin de se rendre à mes désirs, elle gagne comme un trait l'autre bord, et de là me nargue à son aise et se rit de ma poltronnerie. J'ai dit quelque part, je crois, que je ne sais point nager; s'il fut des circonstances où je dusse m'en plaindre, sans contredit, il ne pouvait s'en rencontrer de plus mortifiante et qui dût m'exciter davantage à réparer cette négligence inexcusable de l'éducation. Lorsque je vis que je ne pouvais rien obtenir de ma belle étourdie, je pris le parti de m'asseoir sur les bords de la rivière et de l'attendre patiemment; elle fut bientôt lasse elle-même; elle se remit à la nage et revint, non sans quelques plongeons, rejoindre le bord où j'étais; rien ne l'effrayait de ma part; pendant sa traversée je l'avais plusieurs fois couchée en joue; elle n'en était que plus folle et plus entêtée à me refuser mon héron; nous reprîmes enfin tous les deux paisiblement notre route jusqu'à ma tente.

Les autres Gonaquoises, que nous avions laissées plus bas sur les bords de la même rivière, ne tardèrent pas à nous rejoindre. Un reste de confusion se lisait dans leurs regards et sur leurs fronts; j'eus donc à rougir moi-même de m'être fait un jeu de leur décence et de leur pudique embarras.

Je fis déjeuner mes sauvages; ensuite on m'apporta la table sur laquelle je faisais mes dissections et qui ne me servait qu'à cela; elle formait avec deux chaises tout le meuble de ma tente : je me mis devant eux à écorcher les oiseaux que j'avais tués le matin. Cette opération les intriguait fort; ils me regardaient avec surprise et ne pouvaient concevoir à quel dessein j'ôtais la vie à des oiseaux pour les dépouiller et leur rendre aussitôt leur forme. Je ne perdis pas mon temps à leur vanter des cabinets de collections et le cas qu'on en fait en Europe; ils se seraient à bon droit étonnés que je fusse venu de si loin dans cet unique dessein, et la question de Narina : s'il n'y avait point d'oiseaux dans mon pays, me parut naturelle et bien simple ; je pensai qu'aucune dissertation sur ce sujet avec des sauvages qui ne m'auraient point compris ne valait le plaisir d'apprêter un martin-pêcheur dont je fis présent à ma belle curieuse.

Haabas m'engageait à lever mon camp pour l'aller placer près de sa horde, où je trouverais une grande variété d'oiseaux de toute espèce ; il me fit comprendre que je n'en étais éloigné que d'environ deux lieues ; je lui promis de l'aller voir sous peu de jours.

Il se disposait à partir. Je le fis dîner avec tout son monde, et lui donnai en particulier une petite provision de tabac, ce qui lui fit grand plaisir : Narina me promit de m'apporter du lait et de m'amener bientôt sa sœur. Enfin, très satisfaits les uns des autres, après mille adieux répétés, ces bonnes gens me quittèrent ; je les fis accompagner par un des miens que je chargeai de reconnaître la route, et de me faire quelques échanges pour des moutons.

VI

Ce jour heureux qui devait nous rapprocher du Cap parut enfin. Je fis une revue générale de mes chariots, équipages, bœufs, attelages, etc. ; j'avais mis en ordre mes nouvelles collections et repassé les plus anciennes ; les balles que j'avais commandées et le plomb nécessaire à la chasse étaient coulés ; mes bœufs, qui depuis longtemps se reposaient et n'avaient pas manqué d'excellents pâturages, étaient à pleine peau et dans le meilleur état possible ; en un mot j'étais prêt à partir : j'accordai deux jours de plus pour prendre congé de nos bons voisins et nous divertir avec eux.

La nouvelle de ce départ définitif s'était répandue ; je vis bientôt arriver toute la horde par pelotons, hommes et femmes. Haabas était à leur tête; tout ce qui avait pu marcher le suivait ; ils accouraient pour nous faire leurs adieux et recevoir les nôtres. Que j'étais aise qu'ils vinssent passer ces deux derniers jours avec moi ! Le bon Haabas me présenta quatre ou cinq Gonaquois d'une autre horde que la sienne, et qui, ayant ouï parler de moi, avaient été députés pour m'engager à aller visiter leur canton : il était trop tard ; mais j'adoucis mon refus en leur promettant de me souvenir de leur tendre invitation au premier voyage que j'entreprendrais dans ces contrées.

Tant que durèrent ces quarante-huit heures, on se livra, de part et d'autre, à tous les excès de la folie et du plaisir. Mon eau-de-vie ne fut pas épargnée non plus que l'hydromel que Haabas avait fait exprès préparer et apporter avec lui ; mais la belle Narina et sa sœur, qui étaient de la partie, ne prenaient aucune part à ces orgies, tout innocentes qu'elles fussent. La tristesse avait surtout voilé les traits de Narina ; je la consolai comme je pus, je l'accablai de présents ; je lui en remis pour sa sœur, sa mère et tous ses amis ; en un mot je me défis dans ce moment de presque tous mes bijoux. Je donnai à Haabas et à tout son monde tout ce qu'il me fut possible de leur donner, sans me faire de tort à moi-même et me priver de toutes ressources pour mon retour ; le tabac fut surtout réparti entre ces braves gens jusqu'à profusion ; je n'en gardai que pour les miens et le temps du retour dans l'intérieur de la colonie, où je serais à même d'en faire provision jusqu'au Cap.

Ensuite je pris à part le vénérable Haabas, et le pressai avec tendresse, même avec émotion, de suivre les conseils que je lui avais donnés pour son salut et celui de toute sa horde ; je m'efforçai de lui persuader que la tranquillité apparente des colons toujours assemblés dans le même endroit couvait quelque nouveau projet, et par conséquent de nouvelles trahisons ; que son kraal étant placé précisément entre les colons et les Cafres, il pouvait, tôt ou tard, devenir la victoire des uns ou des autres.

Il me promit qu'il s'éloignerait vers l'ouest lorsque je serais parti ; qu'il ne s'était pas déterminé plus tôt pour se ménager le plaisir de me voir encore une fois à mon retour de la Cafrerie ; mais il ajouta, avec cette cordialité, cet amour dont il m'avait déjà donné tant de preuves, que, si les temps devenaient plus heureux, c'est-à-dire si la paix se rétablissait, sa résolution était prise de venir s'installer dans mon camp, tant en mémoire d'un bienfaiteur que parce qu'on ne pouvait choisir un endroit plus agréable.

Le 4 décembre arriva, je partis... Je tenterais vainement de peindre la consternation de ces malheureux Gonaquois ; on eût dit que je les livrais aux bêtes féroces, et qu'ils perdaient tout en me perdant. Je peindrais moins encore ce qui se passait dans mon âme. J'avais donné le signal ; mes hommes, mes chariots, tous mes troupeaux déjà étaient en marche ; je suivis ce convoi avec lenteur, traînant mon cheval par la bride ; je ne regardai plus derrière moi, je ne prononçai plus un seul mot, et je laissai mes larmes soulager la vive oppression de mon cœur.

Mes bons amis, je ne vous reverrai plus !... Quelle que soit la cause des tendres sentiments que vous m'aviez jurés, soyez tranquilles, la source n'en est pas plus pure en Europe que parmi vous : soyez tranquilles, aucune force n'est capable d'en affaiblir la mémoire : pleins de confiance en mes adieux, mes regrets et mes larmes, vous m'aurez peut-être attendu longtemps ! Dans vos calamités, votre simplicité décevante vous aura peut-être plus d'une fois ramenés aux lieux chéris de nos rendez-vous, de nos fêtes ; vous m'aurez vainement cherché, vainement vous m'aurez appelé à votre secours ; je n'aurai pu ni vous consoler ni vous défendre! d'immenses pays nous séparent pour jamais... Oubliez-moi, qu'un fol espoir ne trouble pas la tranquillité de vos jours ; cette idée ferait le tourment de ma vie. J'ai repris les chaînes de la société, je mourrai, comme tant d'autres, appesanti sous leur poids énorme ; mais je pourrai du moins m'écrier à mon heure dernière : « Mon nom déjà s'efface chez les miens, quand la trace de mes pas est encore empreinte chez les Gonaquois ! »

L'AUTEUR DU VOYAGE *AU PAYS DE L'IVOIRE*

FRANÇOIS LEVAILLANT

La littérature des voyages a le double attrait du roman d'aventures et de la biographie : au charme de l'étrange, de l'inconnu, du pittoresque, elle ajoute celui de la vérité, car ce n'est pas un des moindres plaisirs que donne cette lecture que de se dire : Cela est arrivé, ces merveilles sont réelles, et les souffrances, les dangers, l'habileté que tout cela exigeait ne sont point du domaine de la fiction.

Bien que la race française, prise en général, soit une des plus sédentaires du monde, elle n'en compte pas moins de nombreux et illustres voyageurs. Et tous, car nous ne connaissons pas une seule exception, sont remarquables par l'étendue de leur œuvre, immense si on la compare à la faiblesse des ressources dont ils disposaient. René Caillié parcourt toute l'Afrique occidentale sans autre équipage qu'un bâton, dont il se sert pour mesurer sa route, et les édifices, une boussole, quelques feuilles de papier et un crayon. Savorgnan de Brazza, qui nous a donné un empire, a excité les railleries grotesques et méchantes du tueur d'hommes Stanley, par sa mise délabrée, par son escorte de quatre pauvres nègres. Jacquemont parcourt toute l'Inde anglaise et recueille des collections remarquables, sans autres ressources que la faible allocation du Muséum. Il est peu de missionnaires de la foi qui puissent se comparer aux missionnaires français de la science, par le courage, la résignation et la pauvreté.

Parmi les voyageurs qui ont conquis ainsi une juste popularité, et laissé un souvenir affectueux parmi les populations qu'ils ont visitées, l'un des plus remarquables est assurément François Levaillant, né en 1753. Il n'avait que vingt-sept ans, quand il partit pour son premier voyage ; mais il s'était imposé une longue préparation par l'étude des sciences naturelles et un entraînement physique bien entendu. Voici en quels termes il en parle :

« Elevé par des parents instruits qui travaillaient à se procurer par eux-mêmes les objets intéressants et précieux qui sont répandus dans la Guyane, j'avais continuellement sous les yeux les produits de leurs acquisitions ; je jouissais à mon aise de leur cabinet très intéressant : dès mes jeunes années, ces tendres parents, qui ne pouvaient un moment se détacher de moi, souvent exposés par leurs goûts de voyages lointains à de longs séjours aux extrémités de la colonie, m'emmenaient avec eux et me faisaient partager leurs courses, leurs fatigues et leurs amusements. Ainsi j'exerçai mes premiers pas dans les déserts, et je naquis presque sauvage. Quand la raison, qui devance presque toujours l'âge dans les pays brûlés, eut commencé à luire pour moi, mes goûts ne tardèrent pas à se développer ; mes parents aidaient de tout leur pouvoir aux premiers élans de ma curiosité. Je goûtais tous les jours, sous d'aussi bons maîtres, des plaisirs nouveaux; je les entendais disserter d'une façon qui était à ma portée sur les objets acquis et sur ceux qu'on espérait se procurer dans la suite. Tant d'idées et de rapports s'amassaient dans ma tête, confusément à la vérité dans les commencements, mais peu à peu avec plus d'ordre et de méthode. La nature a donc été ma première institutrice, parce que c'est sur elle que sont tombés mes premiers regards.

» Bientôt le désir de la propriété et l'esprit d'imitation, passions favorites de l'enfance, vinrent donner de l'impétuosité, je pourrais dire de l'impatience à mes amusements. Tout disait à mon amour-propre que je devais aussi me faire un cabinet d'histoire naturelle; je me laissai caresser par cette idée séduisante; et sans perdre de temps, je déclarai traîtreusement la guerre aux animaux les plus faibles, et me mis à la poursuite des chenilles, des papillons, des scarabées, en un mot de toutes les espèces d'insectes.

» D'après ces dispositions, indices presque certains du succès, je voyais se former sous mes mains et s'accroître de jour en jour ma jolie collection d'insectes. J'en faisais le plus grand cas; je l'estimais outre mesure; j'en étais l'unique créateur: c'est dire assez combien je la trouvais supérieure à celle de mes parents L'amour-propre est un aveugle qui fait marcher de pair les chefs-d'œuvre de la sottise et du génie.

» Non content d'un trésor unique, j'en voulus réunir plusieurs. Je songeai, par une progression naturelle, aux oiseaux. Nos chasseurs ne m'en fournissant point assez à mon gré, je m'armai de la sarbacane et de l'arc de l'Indien; en peu de temps je m'en servis avec beaucoup d'adresse; je passais des journées entières à l'affût, j'étais devenu un chasseur déterminé. Ce fut alors qu'on s'aperçut, et que je sentis moi-même que ce goût se changeait en passion; passion vive qui troublait jusqu'aux heures du sommeil, et que les années n'ont fait que fortifier.

» Quelque temps après, mes parents, qui avaient fixé leur départ pour l'Europe et qui n'aspiraient plus qu'au bonheur de se réunir dans le sein de leurs familles, ayant mis ordre à leurs affaires, je montai avec eux sur le navire *Catharina;* le 4 avril 1765 on leva l'ancre et l'on prit la route de la Hollande. Nous jetâmes l'ancre au Texel, à neuf ou dix heures du matin, le 12 juillet.

» Après avoir passé quelque temps en Hollande, nous nous rendîmes en France dans la ville où mon père est né, et l'on me fixa dans le sein de la famille; c'est là que je donnai une nouvelle carrière à mes goûts, dans le cabinet d'un amateur qui offrait pour l'ornithologie d'Europe, la collection la plus nombreuse et la mieux conservée que j'aie jamais rencontrée.

» J'étais chasseur déterminé. Pendant un séjour de deux ans en Allemagne, un autre de sept en Lorraine et en Alsace, je fis un dégât d'oiseaux incroyable; je voulais aussi joindre la connaissance approfondie des mœurs à la distinction des espèces.

» J'amassais de plus en plus des connaissances dans cette partie intéressante de l'histoire naturelle, mais j'avoue que, loin de me contenter, elles ne faisaient que me prouver toute l'insuffisance de mes forces; une carrière plus étendue devait s'ouvrir devant moi; l'occasion semblait m'appeler de loin, et m'inviter à ne pas différer plus longtemps.

» Dans le courant de 1777, une circonstance favorable me conduisit à Paris. Je portai, comme tout étranger qui arrive pour la première fois dans cette capitale, mon tribut aux cabinets des curieux et des savants.

» En trois ans de séjour, je vis, j'étudiai, je connus tous les cabinets importants; mais, le dirai-je, ces superbes étalages me donnèrent bientôt un malaise, ils laissèrent dans mon âme un vide que rien ne pouvait remplir: je ne vis plus dans cet amas de dépouilles étrangères où les différents êtres rangés sans goût et sans choix dormaient profondément pour la science. Les mœurs, les affections, les habitudes, rien ne me donnait des indications précises sur ces choses essentielles. C'était l'étude qui, dans ma première jeunesse, m'avait le plus intéressé; je connaissais, il est vrai, divers ouvrages d'histoire naturelle, mais remplis de contradictions si rebutantes, que le goût qui n'est pas encore formé ne peut que beaucoup perdre à les lire. J'avais surtout dévoré les chefs-d'œuvre immortels consacrés à la postérité par un des plus grands génies, celui de Buffon; je brûlais tous les jours un nouvel encens au pied de sa statue, mais son éloquence magique ne m'avait pas séduit au point de me faire admirer jusqu'aux écarts de son imagination, et je ne pouvais pardonner au philosophe les exagérations du poète.

» D'ailleurs et par-dessus tout, je songeais continuellement aux parties du globe qui, n'ayant point encore été fouillées, pouvaient, en donnant de nouvelles connaissances, rectifier les anciennes; je regardais comme souverainement heureux le mortel qui aurait le courage de les aller chercher à leur source; l'intérieur de l'Afrique me paraissait un Pérou. C'était la terre encore vierge. L'esprit plein de ces idées, je me persuadai que l'ardeur du zèle pouvait suppléer au génie, et que pour peu qu'on fût un scrupuleux observateur, on serait toujours un assez grand écrivain. L'enthousiasme me nommait tout bas l'être privilégié auquel cette entreprise était réservée ; je prêtai l'oreille à ses séductions, et de ce moment, je me dévouai. Nuls liens ne furent capables de me retenir : je ne communiquai mes projets à personne. Inexorable et fermant les yeux à tous les obstacles, je quittai Paris. »

Au retour de son dernier voyage, Levaillant fit paraître successivement douze volumes de grand format consacrés entièrement à l'ornithologie. Dans l'opinion des vrais savants, ces ouvrages le placent au premier rang, car à l'exactitude des descriptions anatomiques se joint le pittoresque des mœurs, des instincts. C'est un monde vivant qui passe sous nos yeux. Et cependant Levaillant était qualifié de simple empailleur !

Cet honnête homme fut une des victimes de la science officielle. On fit autour de lui la conspiration du silence ; on lui ferma toutes les portes, et il mourut entièrement ignoré en 1825.

H. Duclos.

Émile Colin. — Imprimerie de Lagny.

www.ingramcontent.com/pod-product-compliance
Lightning Source LLC
LaVergne TN
LVHW020413230826
846091LV00004B/1267

9782013674744